Schöningh
westermann

AF203822

EinFach
Deutsch

Ödön von Horváth

Geschichten aus dem Wiener Wald

Volksstück in drei Teilen

Erarbeitet und mit Anmerkungen
und Materialien versehen von
Claudia Müller-Völkl
und Michael Völkl

Herausgegeben von
Johannes Diekhans

Bildnachweis

|Picture-Alliance GmbH, Frankfurt/M.: dpa/Bitala, Günter/Gabriele Münter, Ödon von Horvàth © VG Bild-Kunst, Bonn 2008 102; IMAGNO 108. |ullstein bild, Berlin: 101.

westermann GRUPPE

© 2009 Bildungshaus Schulbuchverlage
Westermann Schroedel Diesterweg Schöningh Winklers GmbH
Braunschweig, www.westermann.de

Druck A^2 / Jahr 2020

Umschlaggestaltung: Jennifer Kirchhof
Druck und Bindung: Westermann Druck GmbH, Braunschweig

ISBN 978-3-14-**022441**-3

Ödön von Horváth:
Geschichten aus dem Wiener Wald

Text 4

Anhang 101

1. Ödön von Horváth: Leben und Werk 103

**2. „Krise und Wirbel": Die historische
Situation in Österreich** 109

**3. Eine Nacherzählung:
Peter Handkes „Totenstille beim
Heurigen"** 111

**4. Die Aufführungspraxis:
Die Rezeption des Stücks auf der Bühne** . . 122

Uraufführung am Deutschen Theater Berlin 1931 . . 123

Wiener Volkstheater 1948 124

Wiener Volkstheater 1968 125

Deutsches Theater Berlin 1995 126

**5. Dramenanalyse:
Das Sprachverhalten dramatischer
Figuren** 127

Analyseschema 127

Wichtige sprachliche Mittel 129

Geschichten aus dem Wiener Wald

Nichts gibt so sehr das Gefühl der Unendlichkeit
als wie die Dummheit

PERSONEN

ALFRED
DIE MUTTER
DIE GROSSMUTTER
DER HIERLINGER FERDINAND
VALERIE
OSKAR
IDA
HAVLITSCHEK
RITTMEISTER
EINE GNÄDIGE FRAU
MARIANNE
ZAUBERKÖNIG
ZWEI TANTEN
ERICH
EMMA
HELENE
DER DIENSTBOTE
BARONIN
BEICHTVATER
DER MISTER
DER CONFERENCIER[1]

Das Stück spielt in unseren Tagen,[2] und zwar in Wien, im
Wiener Wald[3] und draußen in der Wachau.[4]

---

[1] Moderator einer kulturellen Veranstaltung
[2] Das Stück spielt um das Jahr 1930.
[3] gängige Schreibweise eigentlich „Wienerwald"; hügeliges, überwiegend bewaldetes Naherholungsgebiet westlich von Wien
[4] westlich von Wien, zwischen Krems und Melk gelegene Donauland-
schaft

Erster Teil

I Draußen in der Wachau

Vor einem Häuschen am Fuße einer Burgruine. Alfred sitzt im Freien und verzehrt mit gesegnetem Appetit Brot, Butter und sauere Milch – seine Mutter bringt ihm gerade ein schärferes Messer.
5 *In der Luft ist ein Klingen und Singen – als verklänge irgendwo immer wieder der Walzer[1] „Geschichten aus dem Wiener Wald" von Johann Strauß[2].*
Und in der Nähe fließt die schöne blaue Donau[3].

DIE MUTTER: *(sieht Alfred zu – plötzlich ergreift sie seine*
10 *Hand, in der er das Messer hält, und schaut ihm tief in die Augen.)*
ALFRED: *(stockt und starrt sie mit vollem Munde misstrauisch an.*
Stille.)
15 DIE MUTTER: *(streicht ihm langsam über das Haar)*: Das ist schön von dir, mein lieber Alfred – dass du nämlich deine liebe Mutter nicht total vergessen hast, lieber Alfred –
ALFRED: Aber wieso denn total vergessen? Ich wär ja schon
20 längst immer wieder herausgekommen, wenn ich nur dazu gekommen wär – aber heutzutag kommt doch schon keiner mehr dazu, vor lauter Krise und Wirbel[4]!
Wenn mich jetzt mein Freund, der Hierlinger Ferdinand, nicht mitgenommen hätt mit seinem Kabriolett, wer
25 weiß, wann wir uns wiedergesehen hätten!
DIE MUTTER: Das ist sehr aufmerksam von deinem Freund, dem Herrn von Hierlinger.

---

[1] populärer Paartanz
[2] Johann Strauß Sohn, Wiener Komponist (1825 – 1899)
[3] Anspielung auf den Walzer „An der schönen blauen Donau" von Johann Strauß Sohn
[4] Die politische Situation in Österreich war seit Ende der Zwanzigerjahre von politischer, wirtschaftlicher und sozialer Instabilität geprägt. (Siehe hierzu auch Anhang „2.")

ALFRED: Er ist überhaupt ein reizender Mensch. In einer guten halben Stund holt er mich wieder ab.

DIE MUTTER: Schon?

ALFRED: Leider!

5 DIE MUTTER: Dann iss bitte nicht die ganze sauere Milch zusammen, ich hab sonst nichts da zum Antragen[1] –

ALFRED: Der Hierlinger Ferdinand darf ja gar keine sauere Milch essen, weil er eine chronische Nikotinvergiftung[2] hat. Er ist ein hochanständiger Kaufmann. Ich hab öf-
10 ters mit ihm zu tun.

DIE MUTTER: Geschäftlich?

ALFRED: Auch das.

(Stille.)

DIE MUTTER: Bist du noch bei der Bank?

15 ALFRED: Nein.

DIE MUTTER: Sondern?

(Stille.)

ALFRED: Ich taug nicht zum Beamten, das bietet nämlich keine Entfaltungsmöglichkeiten. Die Arbeit im alten
20 Sinne rentiert sich nicht mehr. Wer heutzutag vorwärtskommen will, muss mit der Arbeit der anderen arbeiten. Ich hab mich selbstständig gemacht. Finanzierungsgeschäfte und so – *(Er verschluckt sich und hustet stark.)*

25 DIE MUTTER: *(klopft ihm auf den Rücken)*: Schmeckt's?

ALFRED: Jetzt wär ich aber fast erstickt.

DIE MUTTER: Ich freu mich nur, dass es dir schmeckt.

(Stille.)

ALFRED: Apropos[3] ersticken: wo steckt denn die liebe Groß-
30 mutter?

DIE MUTTER: Mir scheint, sie sitzt in der Küch und betet.

ALFRED: Betet?

DIE MUTTER: Sie leidet halt an Angst.

ALFRED: Angst?

35 *(Stille.)*

---

[1] österr.: Servieren
[2] hier: Umschreibung für übermäßiges Rauchen
[3] franz.: zum Gesprächsthema, übrigens

DIE MUTTER: Vergiss ihr nur ja nicht zu gratulieren – nächsten Monat wird sie achtzig, und wenn du ihr nicht gratulierst, dann haben wir hier wieder die Höll auf Erden. Du bist doch ihr Liebling.

5 ALFRED: Ich werd's mir notieren. *(Er notiert es sich.)* Großmutter gratulieren. Achtzig. *(Er erhebt sich, da er nun satt ist.)* Das ist ein biblisches Alter. *(Er sieht auf seine Armbanduhr.)* Ich glaub, es wird Zeit. Der Hierlinger muss jeden Moment erscheinen. Es ist auch noch eine
10 Dame dabei.

DIE MUTTER: Was ist das für eine Dame?

ALFRED: Eine ältere Dame.

(Stille.)

DIE MUTTER: Wie alt?

15 ALFRED: So mittel.

DIE MUTTER: Hat sie Geld?

ALFRED: Ich hab nichts mit ihr zu tun.

(Stille.)

DIE MUTTER: Eine reiche Partie ist nicht das Letzte. Du hast
20 halt die Richtige noch nicht gefunden.

ALFRED: Möglich! Manchmal möcht ich ja schon so Kinder um mich herum haben, aber dann denk ich mir immer wieder: nein, es soll halt nicht sein –

DIE GROSSMUTTER *(tritt mit ihrer Schale saurer Milch aus*
25 *dem Häuschen)*: Frieda! Frieda!

DIE MUTTER: Na, wo brennt's denn?

DIE GROSSMUTTER: Wer hat mir denn da was von meiner saueren Milch gestohlen?

DIE MUTTER: Ich. Weil der liebe Alfred noch so einen starken
30 Gusto[1] gehabt hat.

(Stille.)

DIE GROSSMUTTER: Hat er gehabt? Hat er gehabt? – Und da werd ich gar nicht gefragt? Als ob ich schon gar nicht mehr da wär – *(Zur Mutter.)* Tät dir so passen!

35 ALFRED: Bäääh! *(Er streckt ihr die Zunge heraus.)*

(Stille.)

DIE GROSSMUTTER: Bäääh! *(Sie streckt ihm die Zunge heraus.)*

---

[1] österr.: Appetit

(Stille.)

DIE GROSSMUTTER *(kreischt)*: Jetzt möcht ich überhaupt keine Milch mehr haben! Da! *(Sie schüttet die Schale aus.)*

5 DER HIERLINGER FERDINAND *(kommt mit Valerie, einer hergerichteten Fünfzigerin im Autodress[1].)*

ALFRED: Darf ich bekanntmachen: Das ist meine Mutter und das ist mein Freund Ferdinand Hierlinger – und Frau Valerie – und das dort ist meine liebe Großmutter –

10 DIE MUTTER: Das ist sehr schön von Ihnen, Herr von Hierlinger, dass Sie mir den Alfred herausgebracht haben – ich danke Ihnen, danke –

DER HIERLINGER FERDINAND: Aber ich bitte, meine Herrschaften! Das ist doch alles nur selbstverständlich! Ich
15 hätt Ihnen ja den Alfred schon öfters herausgebracht – der liebe Alfred hätte ja nur ein Wörterl verlauten dürfen.

DIE MUTTER: Nur ein Wörterl?

DER HIERLINGER FERDINAND: Wie gesagt – *(Er stockt, da er*
20 *merkt, dass er sich irgendwie verplappert hat.*
Peinliche Stille.)

VALERIE: Aber schön haben Sie's hier heraußen –

DIE MUTTER: Wollen die Herrschaften vielleicht mal auf den Turm?

25 DER HIERLINGER FERDINAND: Auf was für einen Turm?

DIE MUTTER: Auf unseren Turm da –

DER HIERLINGER FERDINAND: Ich bitte, gehört denn da diese hochromantische Ruine den Herrschaften?

DIE MUTTER: Nein, die gehört dem Staat. Wir verwalten sie
30 nur. Wenn die Herrschaften wollen, führ ich die Herrschaften hinauf – nämlich dem Besteiger bietet sich droben eine prächtige Fernsicht und eine instruktive[2] Rundsicht.

DER HIERLINGER FERDINAND: Aber gern, sehr gern! Zu char-
35 mant, gnädige Frau!

DIE MUTTER *(lächelt verlegen)*: Aber oh bitte! *(Zu Valerie.)* Die Dame kommen doch auch mit?

---

[1] spezielle Autofahrerkleidung
[2] aufschlussreiche

VALERIE: Danke, danke – es tut mir schrecklich leid, aber ich kann nicht so hoch hinauf, weil ich dann keine Luft krieg –

DIE MUTTER: Also dann auf Wiedersehen! *(Ab mit dem Hierlinger Ferdinand.)*

VALERIE: *(zu Alfred)*: Dürft ich mal den Herrn um eine kleine Information bitten?

ALFRED: Was gibt's denn?

DIE GROSSMUTTER *(setzt sich an das Tischchen und horcht, hört aber nichts.)*

VALERIE: Du hast mich wieder mal betrogen.

ALFRED: Sonst noch was gefällig?

VALERIE: Der Hierlinger erzählt mir grad, dass beim letzten Rennen in Saint-Cloud[1] nicht die Quote hundertachtundsechzig, sondern zweihundertzweiundzwanzig herausgelaufen worden ist –

ALFRED: Der Hierlinger lügt.

VALERIE: Und das Gedruckte da lügt auch? *(Sie hält ihm eine Rennzeitung unter die Nase. Stille.)*

VALERIE *(triumphierend)*: Na?

ALFRED: Nein, du bist halt keine richtige Frau. Du stoßt[2] mich ja direkt von dir – mit derartigen Methoden –

VALERIE: Du wirst mir jetzt das geben, was mir gebührt. Siebenundzwanzig Schilling[3]. S'il vous plaît![4]

ALFRED *(gibt ihr das Geld)*: Voilà![5]

VALERIE: Merci[6]! *(Sie zählt nach.)*

ALFRED: Kleinliche Person.

VALERIE: Ich bin keine Person! Und von heut ab bitte ich es mir aus, dass du mir immer eine schriftliche Quittung –

ALFRED *(unterbricht sie)*: Bild dir nur ja nichts ein, bitte! *(Stille.)*

VALERIE: Alfred, du sollst mich doch nicht immer betrügen –

---

[1] Pferderennbahn in Paris
[2] österr. für „stößt"
[3] damals in Österreich gültige Währung
[4] franz.: bitte
[5] franz.: hier haben Sie es
[6] franz.: danke

ALFRED: Und du sollst nicht immer so misstrauisch zu mir
sein – das untergräbt doch nur unser Verhältnis. Du
darfst es doch nicht übersehen, dass ein junger Mensch
Licht- und Schattenseiten hat, das ist normal. Und ich
5   kann dir nur flüstern: Eine rein menschliche Beziehung
wird erst dann echt, wenn man was voneinander hat.
Alles andere ist Larifari[1]. Und in diesem Sinne bin ich
auch dafür, dass wir jetzt unsere freundschaftlich-ge-
schäftlichen Beziehungen nicht deshalb abbrechen, weil
10   die anderen für uns etwa ungesund sind –
VALERIE *(unterbricht ihn)*: Nein, pfui! Pfui –
ALFRED: Na siehst du! Jetzt hast du schon wieder einen
anderen Kopf auf! Es wär doch auch zu leichtsinnig von
dir, um nicht zu sagen übermütig! Was mach ich denn
15   aus deinem Ruhegehalt, Frau Kanzleiobersekretärswit-
we[2]? Dadurch, dass ich eine Rennplatzkapazität bin,
wie? Durch meine glückliche Hand beziehen Frau Kanz-
leiobersekretärswitwe das Gehalt eines aktiven Ministe-
rialdirigenten[3] erster Klass! – Was ist denn schon wieder
20   los?
VALERIE: Ich hab jetzt nur an das Grab gedacht.
ALFRED: An was für ein Grab?
VALERIE: An sein Grab. Immer, wenn ich das hör: Frau
Kanzleiobersekretär – dann muss ich an sein Grab den-
25   ken.
(Stille.)
VALERIE: Ich kümmer mich zu wenig um das Grab. Meiner
Seel[4], ich glaub, es ist ganz verwildert –
ALFRED: Valerie, wenn ich morgen in Maisons-Laffitte[5] ge-
30   winn, dann lassen wir sein Grab mal gründlich herrich-
ten. Halb und halb.
VALERIE *(küsst plötzlich seine Hand.)*
ALFRED: Nein, nicht so –

---

[1]   ugs.: Unfug, sinnloses Geschwätz
[2]   Kanzleiobersekretär: Amtsbezeichnung/Beförderungsstufe eines Beamten
[3]   sehr hohe Position im Staatsdienst
[4]   verkürzt für die Beteuerung „bei meiner Seele"
[5]   Pferderennbahn in Paris

DIE STIMME DES HIERLINGER FERDINAND *(vom Turm)*: Alfred!
Alfred! Es ist wunderschön heroben, und ich komm
gleich runter!

ALFRED *(ruft hinauf)*: Ich bin bereit! *(Er fixiert Valerie.)*
5 Was? Du weinst?

VALERIE *(weinerlich)*: Aber keine Idee – *(Sie betrachtet sich
in ihrem Taschenspiegel.)* Gott, bin ich wieder derangiert[1] – höchste Zeit, dass ich mich wieder mal rasier –
*(Sie schminkt sich mit dem Lippenstift und summt
10 dazu den Trauermarsch von Chopin[2].)*

DIE GROSSMUTTER: Alfred!

ALFRED *(nähert sich ihr.)*

DIE GROSSMUTTER: Wann kommst du denn wieder? Bald?

ALFRED: Sicher.

15 DIE GROSSMUTTER: Ich hab so Abschiede nicht gern, weißt
du. – Dass dir nur nichts passiert, ich hab oft so Angst –

ALFRED: Was soll mir denn schon passieren?

(Stille.)

DIE GROSSMUTTER: Wann gibst du mir denn das Geld zu-
20 rück?

ALFRED: Sowie ich es hab.

DIE GROSSMUTTER: Ich brauch es nämlich.

ALFRED: Zu was brauchst du denn dein Geld?

DIE GROSSMUTTER: Nächsten Monat werd ich achtzig – und
25 ich möcht um mein eigenes Geld begraben werden, ich
möcht keine milden Gaben, du kennst mich ja –

ALFRED: Mach dir nur keine Sorgen, Großmama!

II Stille Straße im achten Bezirk[3]

Von links nach rechts: Oskars gediegene Fleischhaue-
30 *rei[4] mit halben Rindern und Kälbern, Würsten, Schin-*

---

[1] in unordentlichem Zustand
[2] berühmte Trauermelodie des polnischen Komponisten Fryderyk
    Chopin (1810–1849)
[3] traditionsreiches Wiener Stadtviertel
[4] österr.: Metzgerei

ken und Schweinsköpfen in der Auslage. *Daneben eine Puppenklinik[1] mit Firmenschild „Zum Zauberkönig" – mit Scherzartikeln, Totenköpfen, Puppen, Spielwaren, Raketen, Zinnsoldaten und einem Skelett im* 5 *Fenster. Endlich: eine kleine Tabak-Trafik[2] mit Zeitungen, Zeitschriften und Ansichtspostkarten vor der Tür. Über der Puppenklinik befindet sich ein Balkon mit Blumen, der zur Privatwohnung des Zauberkönigs gehört.*

10 OSKAR *(mit weißer Schürze; er steht in der Tür seiner Fleischhauerei und manikü't sich[3] mit seinem Taschenmesser; ab und zu lauscht er, denn im zweiten Stock spielt jemand auf einem ausgeleierten Klavier die „Geschichten aus dem Wiener Wald" von Johann* 15 *Strauß.)*

IDA *(ein elfjähriges, herziges, mageres, kurzsichtiges Mäderl, verlässt mit ihrer Markttasche die Fleischhauerei und will nach rechts ab, hält aber vor der Puppenklinik und betrachtet die Auslage.)*

20 HAVLITSCHEK *(der Gehilfe Oskars, ein Riese mit blutigen Händen und ebensolcher Schürze, erscheint in der Tür der Fleischhauerei; er frisst eine kleine Wurst und ist wütend.)*: Dummes Luder, dummes –

OSKAR: Wer?

25 HAVLITSCHEK *(deutet mit seinem langen Messer auf Ida)*: Das dort! Sagt das dumme Luder nicht, dass meine Blutwurst nachgelassen hat – meiner Seel, am liebsten tät ich so was abstechen, und wenn des dann auch mit dem Messer in der Gurgel herumrennen müsst, wie die 30 gestrige Sau, dann tät mich das nur freuen!

OSKAR *(lächelt)*: Wirklich?

IDA *(fühlt Oskars Blick, es wird ihr unheimlich; plötzlich rennt sie nach rechs ab.)*

HAVLITSCHEK *(lacht.)*

---

[1]   Spielwarengeschäft
[2]   österr.: Tabakladen
[3]   macht sich die Fingernägel

RITTMEISTER[1] *(kommt von links; er ist bereits seit dem Zusammenbruch[2] pensioniert und daher in Zivil; jetzt grüßt er Oskar.)*

OSKAR UND HAVLITSCHEK *(verbeugen sich – und der Walzer*
5   *ist aus.)*

RITTMEISTER: Also das muss ich schon sagen: die gestrige Blutwurst – Kompliment! First class!

OSKAR: Zart, nicht?

RITTMEISTER: Ein Gedicht!

10 OSKAR: Hast du gehört, Havlitschek?

RITTMEISTER: Ist er derjenige, welcher?

HAVLITSCHEK: Melde gehorsamst ja, Herr Rittmeister!

RITTMEISTER: Alle Achtung!

HAVLITSCHEK: Herr Rittmeister sind halt ein Kenner. Ein
15   Gourmand[3]. Ein Weltmann.

RITTMEISTER *zu Oskar:* Ich bin seinerzeit viel in unserer alten Monarchie herumtransferiert[4] worden, aber ich muss schon sagen: Niveau. Niveau!

OSKAR: Ist alles nur Tradition, Herr Rittmeister!

20 RITTMEISTER: Wenn Ihr armes Mutterl selig noch unter uns weilen würde, die hätt eine Freude an ihrem Sohn.

OSKAR *(lächelt geschmeichelt)*: Es hat halt nicht sollen sein, Herr Rittmeister.

RITTMEISTER: Wir müssen alle mal fort.

25 OSKAR: Heut vor einem Jahr ist sie fort.

RITTMEISTER: Wer?

OSKAR: Meine Mama, Herr Rittmeister. Nach dem Essen um halb drei – da hatte sie unser Herrgott erlöst.
   (Stille.)

30 RITTMEISTER: Ist denn das schon ein Jahr her?
   (Stille.)

OSKAR: Entschuldigen S' mich bitte, Herr Rittmeister, aber ich muss mich jetzt noch in Gala[5] werfen – für die Totenmess. *(Ab.)*

---

[1] Offiziersrang in der österreichischen Kavallerie
[2] Gemeint ist die im Jahr 1918 besiegelte militärische Niederlage der Mittelmächte im Ersten Weltkrieg.
[3] franz.: Feinschmecker
[4] ugs.: aus dienstlichen Gründen versetzt
[5] in Festtagskleidung

RITTMEISTER *(reagiert nicht; ist anderswo.*
       Stille.)

RITTMEISTER: Wieder ein Jahr – bis zwanzig geht's im Schritt,
       bis vierzig im Trab, und nach vierzig im Galopp –

5   *(Stille.)*

HAVLITSCHEK *(frisst nun wieder)*: Das ist ein schönes Erd-
       begräbnis gewesen von der alten gnädigen Frau –

RITTMEISTER: Ja, es war sehr gelungen – *(Er lässt ihn stehen
       und nähert sich der Tabak-Trafik, hält einen Augen-*

10   *blick vor dem Skelett in der Puppenklinik; jetzt spielt
       wieder jemand im zweiten Stock, und zwar den Wal-
       zer „Über den Wellen"*[1].

HAVLITSCHEK *(sieht dem Rittmeister nach, spuckt die
       Wursthaut aus und zieht sich zurück in die Fleisch-*

15   *hauerei.)*

VALERIE *(erscheint in der Tür ihrer Tabak-Trafik.)*

RITTMEISTER *(grüßt.)*

VALERIE *(dankt.)*

RITTMEISTER: Dürft ich mal die Ziehungsliste[2]?

20 VALERIE *(reicht sie ihm aus dem Ständer von der Tür.)*

RITTMEISTER: Küss die Hand! *(Er vertieft sich in die Zie-
       hungsliste; plötzlich bricht der Walzer ab, mitten im
       Takt.)*

VALERIE *(schadenfroh)*: Was haben wir denn gewonnen,

25   Herr Rittmeister? Das große Los?

RITTMEISTER *(reicht ihr die Ziehungsliste wieder zurück)*:
       Ich hab überhaupt noch nie was gewonnen, liebe Frau
       Valerie. Weiß der Teufel, warum ich spiel! Höchstens,
       dass ich meinen Einsatz herausbekommen hab.

30 VALERIE: Das ist halt das Glück in der Liebe.

RITTMEISTER: Gewesen, gewesen!

VALERIE: Aber Herr Rittmeister! Mit dem Profil!

RITTMEISTER: Das hat nicht viel zu sagen – wenn man näm-
       lich ein wählerischer Mensch ist. Und eine solche Ver-

35   anlagung ist eine kostspielige Charaktereigenschaft.

---

[1] Werk des mexikanischen Komponisten Juventino Rosas Cadenas
     (1868–1894)

[2] Liste mit Gewinnnummern der Lotterie

Wenn der Krieg nur vierzehn Tage länger gedauert hätt,
dann hätt ich heut meine Majorspension[1].

VALERIE: Wenn der Krieg vierzehn Tag länger gedauert hätt,
dann hätten wir gesiegt.

5 RITTMEISTER: Menschlichem Ermessen nach –

VALERIE: Sicher. *(Ab in ihre Tabak-Trafik.)*

MARIANNE *(begleitet eine gnädige Frau aus der Puppenklinik – jedesmal, wenn diese Ladentür geöffnet wird,
ertönt statt eines Klingelzeichens ein Glockenspiel.)*

10 RITTMEISTER *(blättert nun in einer Zeitung und horcht.)*

DIE GNÄDIGE FRAU: Also ich kann mich auf Sie verlassen?

MARIANNE: Ganz und gar, gnädige Frau! Wir haben doch
hier das erste und älteste Spezialgeschäft im ganzen
Bezirk – gnädige Frau bekommen die gewünschten

15 Zinnsoldaten, garantiert und pünktlich!

DIE GNÄDIGE FRAU: Also nochmals, nur damit keine Ver-
wechslungen entstehen: drei Schachteln Schwerver-
wundete und zwei Schachteln Fallende – auch Kavallerie bitte, nicht nur Infanterie – und dass ich sie nur

20 übermorgen früh im Haus hab, sonst weint der Bubi. Er
hat nämlich am Freitag Geburtstag, und er möcht doch
schon so lang Sanitäter spielen –

MARIANNE: Garantiert und pünktlich, gnädige Frau! Vielen
Dank, gnädige Frau!

25 DIE GNÄDIGE FRAU: Also Adieu! *Ab nach links.*

DER ZAUBERKÖNIG *(erscheint auf seinem Balkon, in Schlaf-
rock und mit Schnurrbartbinde[2].)*: Marianne! Bist du
da?

MARIANNE: Papa?

30 ZAUBERKÖNIG: Wo stecken denn meine Sockenhalter[3]?

MARIANNE: Die rosa oder die beige?

ZAUBERKÖNIG: Ich hab doch nur mehr die rosa!

MARIANNE: Im Schrank links oben, rechts hinten.

ZAUBERKÖNIG: Links oben, rechts hinten. Difficile est, sati-

35 ram non scribere[4]. *(Ab.)*

---

[1] Major: nächsthöherer Rang über dem Rittmeister
[2] Formnetz für den Bart
[3] Klammer für Sockenpaare
[4] „Schwierig ist es, keine Satire zu schreiben." – Ausspruch des römischen Autors Juvenal (~60 – ~130 n. Chr.)

RITTMEISTER *(zu Marianne)*: Immer fleißig, Fräulein Marianne! Immer fleißig!

MARIANNE: Arbeit schändet nicht, Herr Rittmeister.

RITTMEISTER: Im Gegenteil. Apropos: Wann darf man denn
5   gratulieren?

MARIANNE: Zu was denn?

RITTMEISTER: Na zur Verlobung.

ZAUBERKÖNIG *(erscheint wieder auf dem Balkon)*: Marianne!

10 RITTMEISTER: Habe die Ehre, Herr Zauberkönig!

ZAUBERKÖNIG: Habe die Ehre, Herr Rittmeister! Marianne. Zum letzten Mal: wo stecken meine Sockenhalter?

MARIANNE: Wo sie immer stecken.

ZAUBERKÖNIG: Was ist das für eine Antwort, bitt ich mir aus!
15   Einen Ton hat dieses Ding an sich! Herzig! Zum leiblichen Vater! Wo meine Sockenhalter immer stecken, dort stecken sie nicht.

MARIANNE: Dann stecken sie in der Kommod.

ZAUBERKÖNIG: Nein.

20 MARIANNE: Dann im Nachtkastl.

ZAUBERKÖNIG: Nein.

MARIANNE: Dann bei deinen Unterhosen.

ZAUBERKÖNIG: Nein.

MARIANNE: Dann weiß ich es nicht.

25 ZAUBERKÖNIG: Jetzt frag ich aber zum allerletzten Mal: wo stecken meine Sockenhalter!

MARIANNE: Ich kann doch nicht zaubern!

ZAUBERKÖNIG: *(brüllt sie an)*: Und ich kann doch nicht mit rutschende Strümpf in die Totenmess! Weil du meine
30   Garderob verschlampst! Jetzt komm aber nur rauf und such du! Aber avanti, avanti[1]!

MARIANNE *(ab in die Puppenklinik – und jetzt wird der Walzer „Über den Wellen" wieder weitergespielt.)*

ZAUBERKÖNIG *(lauscht.)*

35 RITTMEISTER: Wer spielt denn da?

ZAUBERKÖNIG: Das ist eine Realschülerin im zweiten Stock – ein talentiertes Kind ist das.

---

[1]   ital.: vorwärts, auf geht's!

RITTMEISTER: Ein musikalisches.

ZAUBERKÖNIG: Ein frühentwickeltes – *(Er summt mit, riecht an den Blumen und genießt ihren Duft.)*

RITTMEISTER: Es wird Frühling, Herr Zauberkönig.

5 ZAUBERKÖNIG: Endlich! Selbst das Wetter ist verrückt geworden!

RITTMEISTER: Das sind wir alle.

ZAUBERKÖNIG: Ich nicht.

(Pause.)

10 ZAUBERKÖNIG: Elend sind wir dran, Herr Rittmeister, elend. Nicht einmal einen Dienstbot kann man sich halten. Wenn ich meine Tochter nicht hätt –

OSKAR *(kommt aus seiner Fleischhauerei, in Schwarz und mit Zylinder; er zieht sich soeben schwarze Gla-*
15 *céhandschuhe[1] an.)*

ZAUBERKÖNIG: Ich bin gleich fertig, Oskar! Die liebe Mariann hat nur wieder mal meine Sockenhalter verhext!

RITTMEISTER: Herr Zauberkönig! Dürft ich mir erlauben, Ihnen meine Sockenhalter anzubieten? Ich trag nämlich
20 auch Strumpfbänder, neuerdings –

ZAUBERKÖNIG: Zu gütig! Küss die Hand! Aber Ordnung muss sein! Die liebe Mariann wird sie schon wieder herhexen!

RITTMEISTER: Der Herr Bräutigam in spe[2] können sich gra-
25 tulieren.

OSKAR *(lüftet den Zylinder und verbeugt sich leicht.)*

ZAUBERKÖNIG: Wenns Gott mir vergönnt, ja.

RITTMEISTER: Mein Kompliment, die Herren! *(Ab – und nun ist der Walzer aus.)*

30 MARIANNE *(erscheint auf dem Balkon mit den rosa So-ckenhaltern.)*: Hier hab ich jetzt deine Sockenhalter.

ZAUBERKÖNIG: Na also!

MARIANNE: Du hast sie aus Versehen in die Schmutzwäsch geworfen – und ich hab jetzt das ganze schmutzige Zeug
35 durchwühlen müssen.

ZAUBERKÖNIG: Na so was! *(Er lächelt väterlich und kneift sie in die Wange.)* Brav, brav. Unten steht der Oskar. *(Ab.)*

---

[1] Handschuhe aus weißem Leder, für festliche Anlässe gedacht
[2] lat.: zukünftig

OSKAR: Marianne! Marianne!

MARIANNE: Ja?

OSKAR: Willst du denn nicht herunterkommen?

MARIANNE: Das muss ich sowieso. *(Ab.)*

5 HAVLITSCHEK *(erscheint in der Tür der Fleischhauerei; wieder fressend.)*: Herr Oskar. Was ich noch hab sagen wollen – geh, bittschön, beten S' auch in meinem Namen ein Vaterunser für die arme gnädige Frau Mutter selig.

OSKAR: Gern, Havlitschek.

10 HAVLITSCHEK: Ich sage dankschön, Herr Oskar. *(Ab.)*

MARIANNE *(tritt aus der Puppenklinik.)*

OSKAR: Ich bin so glücklich, Mariann. Bald ist das Jahr der Trauer ganz vorbei, und morgen leg ich meinen Flor[1] ab. Und am Sonntag ist offizielle Verlobung und Weihnachten
15   Hochzeit. – Ein Bussi, Mariann, ein Vormittagsbussi –

MARIANNE *(gibt ihm einen Kuss, fährt aber plötzlich zurück)*: Au! Du sollst nicht immer beißen!

OSKAR: Hab ich denn jetzt?

MARIANNE: Weißt du denn das nicht?

20 OSKAR: Also ich hätt jetzt geschworen –

MARIANNE: Dass du mir immer weh tun musst.

(Stille.)

OSKAR: Böse?

(Stille.)

25 OSKAR: Na?

MARIANNE: Manchmal glaub ich schon, dass du es dir herbeisehnst, dass ich ein böser Mensch sein soll –

OSKAR: Marianne! Du weißt, dass ich ein religiöser Mensch bin und dass ich es ernst nehme mit den christlichen
30   Grundsätzen!

MARIANNE: Glaubst du vielleicht, ich glaub nicht an Gott? Ph!

OSKAR: Ich wollte dich nicht beleidigen. Ich weiß, dass du mich verachtest.

35 MARIANNE: Was fällt dir ein, du Idiot!

(Stille.)

OSKAR: Du liebst mich also nicht?

---

[1] kurz für Trauerflor; schwarzes Band, meist am Oberarm getragen, zum Zeichen der Trauer

MARIANNE: Was ist Liebe?

(Stille.)

OSKAR: Was denkst du jetzt?

MARIANNE: Oskar, wenn uns etwas auseinanderbringen
kann, dann bist du es. Du sollst nicht so herumbohren
in mir, bitte –

OSKAR: Jetzt möcht ich in deinen Kopf hineinsehen können, ich möcht dir mal die Hirnschale herunter und
nachkontrollieren, was du da drinnen denkst –

MARIANNE: Aber das kannst du nicht.

OSKAR: Man ist und bleibt allein.

(Stille.)

OSKAR *(holt aus seiner Tasche eine Bonbonniere[1] her-
vor)*: Darf ich dir diese Bonbons, ich hab sie jetzt ganz
vergessen, die im Goldpapier sind mit Likör –

MARIANNE *(steckt sich mechanisch ein großes Bonbon in
den Mund.)*

ZAUBERKÖNIG *(tritt rasch aus der Puppenklinik, auch in
Schwarz und mit Zylinder)*: Also da sind wir, Was hast
du da? Schon wieder Bonbons? Aufmerksam, sehr aufmerksam! *(Er kostet.)* Ananas! Prima! Na, was sagst du
zu deinem Bräutigam? Zufrieden?

MARIANNE *(rasch ab in die Puppenklinik.)*

ZAUBERKÖNIG *(verdutzt)*: Was hat sie denn?

OSKAR: Launen.

ZAUBERKÖNIG: Übermut! Es geht ihr zu gut!

OSKAR: Komm, wir haben keine Zeit, Papa – die Messe –

ZAUBERKÖNIG: Aber eine solche Benehmität[2]! Ich glaub gar,
dass du sie mir verwöhnst – also nur das nicht, lieber
Oskar! Das rächt sich bitter! Was glaubst du, was ich
auszustehen gehabt hab in meiner Ehe? Und warum?
Nicht weil meine gnädige Frau Gemahlin ein bissiges
Mistvieh war, sondern weil ich zu vornehm war, Gott
hab sie selig! Nur niemals die Autorität verlieren! Ab-
stand wahren! Patriarchat[3], kein Matriarchat[3]! Kopf

---

[1] franz.: Behälter für Süßigkeiten
[2] humorvoller Neologismus für Benehmen
[3] Gesellschaftsform, geprägt von der Dominanz des männlichen bzw.
weiblichen Geschlechts

hoch! Daumen runter! Ave Caesar, morituri te salutant[1]!
(Ab mit Oskar.)
(Jetzt spielt die Realschülerin im zweiten Stock den Walzer „In lauschiger Nacht" von Ziehrer[2].)

5 MARIANNE *(erscheint nun in der Auslage und arrangiert[3] – sie bemüht sich besonders um das Skelett.)*

ALFRED *(kommt von links, erblickt Marianne von hinten, hält und betrachtet sie.)*

MARIANNE *(dreht sich um – erblickt Alfred und ist fast 10 fasziniert.)*

ALFRED *(lächelt.)*

MARIANNE *(lächelt auch.)*

ALFRED *(grüßt charmant[4].)*

MARIANNE *(dankt.)*

15 ALFRED *(nähert sich der Auslage.)*

VALERIE *(steht nun in der Tür ihrer Tabak-Trafik und betrachtet Alfred.)*

ALFRED *(trommelt an die Fensterscheibe.)*

MARIANNE *(sieht ihn plötzlich erschrocken an, lässt rasch 20 den Sonnenvorhang hinter der Fensterscheibe herab – und der Walzer bricht wieder ab, mitten im Takt.)*

ALFRED *(erblickt Valerie.)*

(Stille.)

VALERIE: Wohin?

25 ALFRED: Zu dir, Liebling.

VALERIE: Was hat man denn in der Puppenklinik verloren?

ALFRED: Ich wollte dir ein Pupperl kaufen.

VALERIE: Und an so was hängt man sein Leben.

30 ALFRED: Pardon[5]!

(Stille.)

ALFRED *(krault Valerie am Kinn.)*

---

[1] lat.: „Gegrüßt seiest du, Kaiser, die Todgeweihten grüßen dich"; Gruß der römischen Gladiatoren beim Einzug des Kaisers in die Arena

[2] Carl Michael Ziehrer, österreichischer Komponist (1843–1922)

[3] stellt zusammen, gestaltet

[4] liebenswürdig

[5] franz.: Verzeihung

VALERIE *(schlägt ihn auf die Hand.)*
(Stille.)
ALFRED: Wer ist denn das Fräulein da drinnen?
VALERIE: Das geht dich einen Dreck an.
5 ALFRED: Das ist sogar ein sehr hübsches Fräulein.
VALERIE: Haha!
ALFRED: Ein schön gewachsenes Fräulein. Dass ich dieses
Fräulein noch nie gesehen habe – das ist halt die Tücke
des Objekts.
10 VALERIE: Na und?
ALFRED: Also ein für allemal: Lang halt ich jetzt aber deine
hysterischen Eifersüchteleien nicht mehr aus! Ich lass
mich nicht tyrannisieren! Das hab ich doch schon gar
nicht nötig!
15 VALERIE: Wirklich?
ALFRED: Glaub nur ja nicht, dass ich auf dein Geld angewie-
sen bin!
(Stille.)
VALERIE: Ja, das wird wohl das Beste sein –
20 ALFRED: Was?
VALERIE: Das wird das Beste sein für uns beide, dass wir
uns trennen.
ALFRED: Aber dann endlich! Und im Guten! Und konse-
quent, wenn man bitten darf! – Da. Das bin ich dir noch
25 schuldig. Mit Quittung. Wir haben in Saint–Cloud nichts
verloren und in Le Tremblay[1] gewonnen. Außenseiter.
Zähl's nach, bitte! *(Ab.)*
VALERIE *(allein; zählt mechanisch das Geld nach – dann
sieht sie Alfred langsam nach; leise)*: Luder. Mistvieh.
30 Zuhälter. Bestie –

III Am nächsten Sonntag im Wiener Wald

Auf einer Lichtung am Ufer der schönen blauen Do-
nau.
Der Zauberkönig und Marianne, Oskar, Valerie, Alfred,
35 *einige entfernte Verwandte, unter ihnen Erich aus Kas-*

---

[1] Pferderennbahn in Paris

sel in Preußen, und kleine, weiß gekleidete hässliche
Kinder machen einen gemeinsamen Ausflug.
Jetzt bilden sie gerade eine malerische Gruppe, denn
sie wollen von Oskar fotografiert werden, der sich noch
5 mit seinem Stativ beschäftigt – dann stellt er sich selbst
in Positur neben Marianne, maßen[1] er ja mit einem
Selbstauslöser arbeitet. Und nachdem dieser tadellos
funktionierte, gerät die Gruppe in Bewegung.

ZAUBERKÖNIG: Halt! Da capo![2] Ich glaub, ich hab gewackelt!
10 OSKAR: Aber Papa!
ZAUBERKÖNIG: Sicher ist sicher!
ERSTE TANTE: Ach ja!
ZWEITE TANTE: Das wär doch ewig schad!
ZAUBERKÖNIG: Also da capo, da capo!
15 OSKAR: Also gut! (Er beschäftigt sich wieder mit seinem
Apparat – und wieder funktioniert der Selbstauslöser
tadellos.)
ZAUBERKÖNIG: Ich danke!
DIE GRUPPE (löst sich allmählich auf.)
20 ERSTE TANTE: Lieber Herr Oskar, ich hätt ein großes Verlangen – geh, möchten S' nicht mal die Kinderl allein
abfotografieren, die sind doch heut so herzig –
OSKAR: Aber mit Vergnügen! Er gruppiert die Kinder und
küsst die Kleinste.
25 ZWEITE TANTE (zu Marianne): Nein, mit welcher Liebe er
das arrangiert. – Na, wenn das kein braver Familienva-
ter wird! Ein Kindernarr, ein Kindernarr! Unberufen!
(Sie umarmt Marianne und gibt ihr einen Kuss.)
VALERIE (zu Alfred): Also das ist der Chimborasso[3].
30 ALFRED: Was für ein Chimborasso?
VALERIE: Dass du dich nämlich diesen Herrschaften hier
anschließt, wo du doch weißt, dass ich dabei bin – nach
all dem, was zwischen uns passiert ist.

---

[1] veraltet: da, weil
[2] ital.: von vorne!
[3] österr., ugs.: Das ist der Gipfel! Der Chimborasso ist der höchste
Berg Equadors.

ALFRED: Was ist denn passiert? Wir sind auseinander. Und noch dazu als gute Kameraden.

VALERIE: Nein, du bist halt keine Frau – sonst würdest du meine Gefühle anders respektieren.

5 ALFRED: Was für Gefühle? Noch immer?

VALERIE: Als Frau vergisst man nicht so leicht. Es bleibt immer etwas in einem drinnen. Wenn du auch ein großer Gauner bist.

ALFRED: Ich bitte dich, werde vernünftig.

10 VALERIE *(plötzlich gehässig)*: Das würde dir so passen! *(Stille.)*

ALFRED: Darf sich der Gauner jetzt empfehlen?

VALERIE: Wer hat ihn denn hier eingeladen?

ALFRED: Sag ich nicht.

15 VALERIE: Man kann sich's ja lebhaft vorstellen, nicht?

ALFRED *(zündet sich eine Zigarette an.)*

VALERIE: Wo hat man sich denn kennengelernt? In der Puppenklinik?

ALFRED: Halt's Maul.

20 ZAUBERKÖNIG *(nähert sich Alfred mit Erich.)*: Was höre ich? Die Herrschaften kennen sich noch nicht? Also darf ich bekannt machen: Das ist mein Neffe Erich, der Sohn meines Schwippschwagers[1] aus zweiter Ehe – und das ist Herr Zentner. Stimmt's?

25 ALFRED: Gewiss.

ZAUBERKÖNIG: Herr von Zentner!

ERICH *(mit Brotbeutel und Feldflasche am Gürtel)*: Sehr erfreut!

ZAUBERKÖNIG: Erich ist ein Student. Aus Dessau.

30 ERICH: Aus Kassel, Onkel.

ZAUBERKÖNIG: Kassel oder Dessau – das verwechsel ich immer! *(Er zieht sich zurück.)*

ALFRED *(zu Valerie)*: Ihr kennt euch schon?

VALERIE: Oh, schon seit Ewigkeiten!

35 ERICH: Ich hatte erst unlängst das Vergnügen. Wir hatten uns über das Burgtheater[2] unterhalten und über den vermeintlichen Siegeszug des Tonfilms.

---

[1] Schwippschwager: Geschwister bzw. Ehepartner des Schwagers bzw. der Schwägerin

[2] Sprechtheater in Wien mit weltweitem Ansehen

ALFRED: Interessant! *(Er verbeugt sich korrekt und zieht sich zurück; jetzt lässt eine Tante ihr Reisegrammofon[1] singen: „Wie eiskalt ist dies Händchen"[2].)*

ERICH *(lauscht)*: Bohème. Göttlicher Puccini!

5 MARIANNE *(nun neben Alfred; sie lauscht):* Wie eiskalt ist dies Händchen –)

ALFRED: Das ist Bohème.

MARIANNE: Puccini.

VALERIE *(zu Erich)*: Was kennen Sie denn für Operetten?

10 ERICH: Aber das hat doch mit Kunst nichts zu tun!

VALERIE: Geh, wie können S' denn nur so was sagen!

ERICH: Kennen Sie die Brüder Karamasow[3]?

VALERIE: Nein.

ERICH: Das ist Kunst.

15 MARIANNE *(zu Alfred)*: Ich wollte mal rhythmische Gymnastik studieren, und dann hab ich von einem eigenen Institut geträumt, aber meine Verwandtschaft hat keinen Sinn für so was. Papa sagt immer, die finanzielle Unabhängigkeit der Frau vom Mann ist der letzte Schritt zum
20 Bolschewismus[4].

ALFRED: Ich bin kein Politiker, aber glauben Sie mir: Auch die finanzielle Abhängigkeit des Mannes von der Frau führt zu nichts Gutem. Das sind halt so Naturgesetze.

MARIANNE: Das glaub ich nicht.

25 OSKAR *(fotografiert nun den Zauberkönig allein, und zwar in verschiedenen Posen; das Reisegrammofon hat ausgesungen.)*

ALFRED: Fotografiert er gern, der Herr Bräutigam?

MARIANNE: Das tut er leidenschaftlich. Wir kennen uns
30 schon seit acht Jahren.

ALFRED: Wie alt waren Sie denn damals? Pardon, das war jetzt nur eine automatische Reaktion!

MARIANNE: Ich war damals vierzehn.

---

[1] Reisegrammofon: Vorläufer des Schallplattenspielers
[2] Arie aus der Oper „la Bohéme" des italienischen Komponisten Giacomo Puccini (1858–1924)
[3] Roman des russischen Schriftstellers Fjodor Dostojewski (1821–1881)
[4] Synonym für den sowjetischen Kommunismus

ALFRED: Das ist nicht viel.

MARIANNE: Er ist nämlich ein Jugendfreund von mir. Weil wir Nachbarskinder sind.

ALFRED: Und wenn Sie jetzt keine Nachbarskinder gewesen wären?

MARIANNE: Wie meinen Sie das?

ALFRED: Ich meine, dass das halt alles Naturgesetze sind. Und Schicksal.

(Stille.)

MARIANNE: Schicksal, ja. Eigentlich ist das nämlich gar nicht das, was man halt so Liebe nennt, vielleicht von seiner Seite aus, aber ansonsten – *(Sie starrt Alfred plötzlich an.)* Nein, was sag ich da, jetzt kenn ich Sie ja noch kaum – mein Gott, wie Sie das alles aus einem herausziehen –

ALFRED: Ich will gar nichts aus Ihnen herausziehen. Im Gegenteil.

(Stille.)

MARIANNE: Können Sie hypnotisieren?

OSKAR *(zu Alfred)*: Pardon! *(Zu Marianne.)* Darf ich bitten? *(Er reicht ihr den Arm und geleitet sie unter eine schöne alte Baumgruppe, wo sich die ganze Gesellschaft bereits zum Picknick gelagert hat.)*

ALFRED *(folgt Oskar und Marianne und lässt sich ebenfalls nieder.)*

ZAUBERKÖNIG: Über was haben wir denn gerade geplauscht?

ERSTE TANTE: Über die Seelenwanderung.

ZWEITE TANTE: Was ist denn das für eine Geschicht, das mit der Seelenwanderung?

ERICH: Das ist buddhistische Religionsphilosophie. Die Buddhisten behaupten, dass die Seele eines verstorbenen Menschen in ein Tier hineinfährt – zum Beispiel in einen Elefanten.

ZAUBERKÖNIG: Verrückt!

ERICH: Oder in eine Schlange.

ERSTE TANTE: Pfui!

ERICH: Wieso pfui? Das sind doch nur unsere kleinlichen menschlichen Vorurteile! So lasst uns doch mal die geheime Schönheit der Spinnen, Käfer und Tausendfüßler –

ZWEITE TANTE *(unterbricht ihn)*: Also nur nicht unappetit-
lich, bittschön!

ERSTE TANTE: Mir ist schon übel –

ZAUBERKÖNIG: Mir kann heut nichts den Appetit verderben!
5   Solche Würmer gibt's gar nicht!

VALERIE: Jetzt aber Schluss!

ZAUBERKÖNIG *(erhebt sich und klopft mit dem Messer an
sein Glas)*: Meine lieben Freunde! Zu guter Letzt war es
ja schon ein öffentliches Geheimnis, dass meine liebe
10   Tochter Mariann einen Blick auf meinen lieben Oskar
geworfen hat –

VALERIE: Bravo!

ZAUBERKÖNIG: Silentium[1], gleich bin ich fertig, und nun haben wir uns hier versammelt, das heißt: ich hab euch
15   alle eingeladen, um einen wichtigen Abschnitt im Leben
zweier blühender Menschenkinder einfach, aber würdig,
in einem kleinen, aber auserwählten Kreise zu feiern.
Es tut mir nur heut in der Seele weh, dass Gott der
Allmächtige es meiner unvergesslichen Gemahlin, der
20   Mariann ihrem lieben Mutterl selig, nicht vergönnt hat,
diesen Freudentag ihres einzigen Kindes mitzuerleben.
Ich weiß es aber ganz genau, sie steht jetzt sicher hinter
einem Stern droben in der Ewigkeit und schaut hier auf
uns herab. Und erhebt ihr Glas – *(erhebt sein Glas)* – um
25   ein aus dem Herzen kommendes Hoch auf das glückliche, nunmehr und hiermit offiziell verlobte Paar – das
junge Paar, Oskar und Marianne, es lebe hoch! Hoch!
Hoch!

ALLE: Hoch! Hoch! Hoch!

30 IDA *(jenes magere, herzige Mäderl, das seinerzeit Hav-
litscheks Blutwurst beanstandet hatte, tritt nun weiß-
gekleidet mit einem Blumenstrauß vor das verlobte
Paar und rezitiert[2] mit einem Sprachfehler)*:
Die Liebe ist ein Edelstein,
35   Sie brennt jahraus, sie brennt jahrein
Und kann sich nicht verzehren,
Sie brennt, solang noch Himmelslicht

---

[1] lat.: Ruhe
[2] trägt vor

In eines Menschen Aug sich bricht,
Um drin sich zu verklären.

ALLE: Bravo! Hoch! Gott, wie herzig!

IDA *(überreicht Marianne den Blumenstrauß mit einem*
5 *Knicks.)*

ALLE *(streicheln nun Ida und gratulieren dem verlobten*
Paar in aufgeräumtester Stimmung; das Reisegram
mofon spielt nun den Hochzeitsmarsch[1], und der
Zauberkönig küsst Marianne auf die Stirn und Oskar
10 *auf den Mund, dann wischt er sich die Tränen aus*
den Augen, und dann legt er sich in seine Hängemat
te.)

ERICH *(hat eben mit seiner Feldflasche Bruderschaft mit*
Oskar getrunken): Mal herhören, Leute! Oskar und
15 Marianne! Ich gestatte mir nun aus dieser Feldflasche
auf euer ganz Spezielles zu trinken! Glück und Gesundheit und viele brave deutsche Kinder! Heil[2]!

VALERIE *(angeheitert)*: Nur keine Neger! Heil!

ERICH: Verzeihen, gnädige Frau, aber über diesen Punkt
20 vertrag ich keine frivolen[3] Späße! Dieser Punkt ist mir
heilig, Sie kennen meine Stellung zu unserem Rassenproblem[4].

VALERIE: Ein problematischer Mensch. – Halt! So bleiben
S' doch da, Sie komplizierter Mann, Sie –

25 ERICH: Kompliziert. Wie meinen Sie das?

VALERIE: Interessant –

ERICH: Wieso?

VALERIE: Ja glauben S' denn, dass ich die Juden mag? Sie
großes Kind – *(Sie hängt sich ein in das große Kind*
30 *und schleift es weg; man lagert sich nun im Wald und*
die kleinen Kindlein spielen und stören.)

OSKAR *(singt zur Laute.)*:
Sei gepriesen, du lauschige Nacht,
Hast zwei Herzen so glücklich gemacht.

---

[1] Gemeint ist wahrscheinlich der Brautchor aus der Oper „Lohengrin"
des deutschen Komponisten Richard Wagner (1813 – 1883).

[2] Grußformel der Nationalsozialisten

[3] schamlosen

[4] Anspielung auf die Rassenlehre Adolf Hitlers

Und die Rosen im folgenden Jahr
Sahn ein Paar am Altar!
Auch der Klapperstorch[1] blieb nicht lang aus,
Brachte klappernd den Segen ins Haus.
5   Und entschwand auch der liebliche Mai,
In der Jugend erblüht er neu!
*(Er spielt das Lied nochmal, singt aber nicht mehr,
sondern summt nur; auch alle anderen summen mit,
außer Alfred und Marianne.)*
10 ALFRED *(nähert sich nämlich Marianne.)*: Darf man noch
einmal gratulieren?
MARIANNE *(schließt die Augen.)*
ALFRED *(küsst lange ihre Hand.)*
OSKAR *(hatte den Vorgang beobachtet, übergab seine
15   Laute der zweiten Tante, schlich sich heran und steht
nun neben Marianne.)*
ALFRED *(korrekt)*: Ich gratuliere!
OSKAR: Danke.
ALFRED *(verbeugt sich korrekt und will ab.)*
20 OSKAR *(sieht ihm nach.)*: Er beneidet mich um dich – ein
geschmackloser Mensch. Wer ist denn das überhaupt?
MARIANNE: Ein Kunde.
OSKAR: Schon lang?
MARIANNE: Gestern war er da und wir sind ins Gespräch
25   gekommen – nicht lang, und dann hab ich ihn gerufen.
Er hat sich ein Gesellschaftsspiel gekauft.
VALERIE *(schrill)*: Was soll das Pfand in meiner Hand?
ERICH: Das soll dreimal Muh schreien!
VALERIE: Das ist die Tante Henriett, die Tante Henriett!
30 ERSTE TANTE *(stellt sich in Positur und schreit)*: Muh! Muh!
Muh!
(Großes Gelächter.)
VALERIE: Und was soll das Pfand in meiner Hand?
ZAUBERKÖNIG: Das soll dreimal Mäh schreien!
35 VALERIE: Das bist du selber!
ZAUBERKÖNIG: Mäh! Mäh! Mäh!
(Brüllendes Gelächter.)
VALERIE: Und was soll das Pfand in meiner Hand?

---

[1]   Im Märchen bringt der Storch die kleinen Kinder.

ZWEITE TANTE: Der soll etwas demonstrieren!
ERICH: Was denn?
ZWEITE TANTE: Was er kann!
VALERIE: Oskar! Hast du gehört, Oskar? Du sollst uns etwas
demonstrieren!
ERICH: Was du willst!
ZAUBERKÖNIG: Was du kannst!
(Stille.)
OSKAR: Meine Damen und Herren, ich werde Ihnen etwas
sehr Nützliches demonstrieren, nämlich ich hab mich
mit der japanischen Selbstverteidigungsmethode be-
schäftigt. Mit dem sogenannten Jiu-Jitsu. Und nun pas-
sen S' bitte auf, wie man seinen Gegner spielend kampf-
unfähig machen kann – *(Er stürzt sich plötzlich auf
Marianne und demonstriert an ihr seine Griffe.)*
MARIANNE *(stürzt zu Boden.)*: Au! Au! Au! –
ERSTE TANTE: Nein, dieser Rohling!
ZAUBERKÖNIG: Bravo! Bravissimo!
OSKAR *(zur ersten Tante)*: Aber ich hab doch den Griff nur
markiert[1], sonst hätt ich ihr doch das Rückgrat ver-
letzt!
ERSTE TANTE: Das auch noch!
ZAUBERKÖNIG *(klopft Oskar auf die Schulter.)*: Sehr geschickt!
Sehr einleuchtend!
ZWEITE TANTE *(hilft Marianne beim Aufstehen.)*: Ein so zartes
Frauerl. – Haben wir denn noch ein Pfand?
VALERIE: Leider! Schluss. Aus!
ZAUBERKÖNIG: Dann hätt ich ein Projekt! Jetzt gehen wir alle
baden! Hinein in die kühle Flut! Ich schwitz eh schon wie
ein gselchter[2] Aff!
ERICH: Eine ausgezeichnete Idee!
VALERIE: Aber wo sollen sich denn die Damen entkleiden?
ZAUBERKÖNIG: Nichts leichter als das! Die Damen rechts, die
Herren links! Also auf Wiedersehen in unserer schönen
blauen Donau!
*(Jetzt spielt das Reisegrammofon den Walzer „An der
schönen blauen Donau" und die Damen verschwin-*

---

[1] angedeutet
[2] österr.: „geräucherter Affe", Idiot

*den rechts, die Herren links – Valerie und Alfred sind
die Letzten.)*

VALERIE: Alfred!

ALFRED: Bitte?

5 VALERIE *(trällert die Walzermelodie nach und zieht ihre Bluse aus.)*

ALFRED: Nun?

VALERIE: *(wirft ihm eine Kusshand zu.)*

ALFRED: Adieu!

10 VALERIE: Moment! Gefällt dem Herrn Baron das Fräulein
Braut?

ALFRED *(fixiert sie – geht dann rasch auf sie zu und hält
knapp vor ihr.)*: Hauch mich an!

VALERIE: Wie komm ich dazu!

15 ALFRED: Hauch mich an!

VALERIE *(haucht ihn an.)*

ALFRED: Du Alkoholistin[1].

VALERIE: Das ist doch nur ein Schwips, den ich da hab, du
Vegetarianer[2]! Der Mensch denkt und Gott lenkt. Man
20 feiert doch nicht alle Tage Verlobung – und Entlobung,
du Schweinehund –

ALFRED: Einen anderen Ton, wenn ich bitten darf!

VALERIE: Dass du mich nicht anrührst, dass du mich nicht
anrührst –

25 ALFRED: Toll! Als hätt ich dich schon jemals angerührt.

VALERIE: Und am siebzehnten März?

(Stille.)

ALFRED: Wie du dir alles merkst –

VALERIE: Alles. Das Gute und das Böse – *(Sie hält sich
30 plötzlich die Bluse vor.)* Geh! Ich möcht mich jetzt
ausziehen!

ALFRED: Als hätt ich dich nicht schon so gesehen –

VALERIE *(kreischt)*: Schau mich nicht so an! Geh! Geh!

ALFRED: Hysterische Kuh – *(Ab nach links.)*

35 VALERIE: *(allein; sieht ihm nach.)* Luder. Mistvieh. Dreck-
sau. Bestie. *(Sie zieht sich aus.)*

---

[1] Neologismus für: Alkoholikerin
[2] Neologismus für: Vegetarier

ZAUBERKÖNIG: *(taucht im Schwimmanzug hinter dem Busch auf und sieht zu.)*

VALERIE *(hat nun nur mehr das Hemd, Schlüpfer und Strümpfe an, sie entdeckt den Zauberkönig)*: Jesus Maria Josef! Oh du Hallodri[1]! Mir scheint gar, du bist ein Voyeur[2] –

ZAUBERKÖNIG: Ich bin doch nicht pervers. Zieh dich nur ruhig weiter aus.

VALERIE: Nein, ich hab doch noch mein Schamgefühl.

ZAUBERKÖNIG: Geh, in der heutigen Zeit!

VALERIE: Aber ich hab halt so eine verflixte Fantasie – *(Sie trippelt hinter einen Busch.)*

ZAUBERKÖNIG *(lässt sich vor dem Busch nieder, entdeckt Valeries Korsett[3], nimmt es an sich und riecht daran.)*: Mit oder ohne Fantasie – diese heutige Zeit ist eine verkehrte Welt! Ohne Treu, ohne Glauben, ohne sittliche Grundsätz. Alles wackelt, nichts steht mehr fest. Reif für die Sintflut – *(Er legt das Korsett wieder beiseite, denn es duftet nicht gerade überwältigend.)* Ich bin nur froh, dass ich die Mariann angebracht hab, eine Fleischhauerei ist immer noch solid –

VALERIES Stimme: Na und die Trafikantinnen?

ZAUBERKÖNIG: Auch! Rauchen und fressen werden die Leut immer – aber zaubern? Wenn ich mich so mit der Zukunft beschäftig, da wird's mir manchmal ganz pessimistisch. Ich hab's ja überhaupt nicht leicht gehabt in meinem Leben, ich muss ja nur an meine Frau selig denken – diese ewige Schererei[4] mit den Spezialärzten –

VALERIE *(erscheint nun im Badetrikot; sie beschäftigt sich mit dem Schulterknöpfchen.)*: An was ist sie denn eigentlich gestorben?

ZAUBERKÖNIG *(stiert auf ihren Busen)*: An der Brust.

VALERIE: Doch nicht Krebs?

ZAUBERKÖNIG: Doch. Krebs.

---

[1] lausbübischer, ausgelassener Mensch
[2] heimlicher Beobachter, meist von sexuellen Handlungen
[3] Schnürmieder
[4] Problem

VALERIE: Ach, die Ärmste.

ZAUBERKÖNIG: Ich war auch nicht zu beneiden. Man hat ihr die linke Brust wegoperiert – sie ist überhaupt nie gesund gewesen, aber ihre Eltern haben mir das verheimlicht. – Wenn ich dich daneben anschau: stattlich, also direkt königlich. – Eine königliche Person.

VALERIE *(macht nun Rumpfbeugen.)*: Was wisst ihr Mannsbilder schon von der Tragödie des Weibes? Wenn wir uns nicht so herrichten und pflegen täten –

ZAUBERKÖNIG *(unterbricht sie)*: Glaubst du, ich muss mich nicht pflegen?

VALERIE: Das schon. Aber bei einem Herrn sieht man doch in erster Linie auf das Innere – *(Sie macht nun in rhythmischer Gymnastik.)*

ZAUBERKÖNIG *(sieht ihr zu und macht dann Kniebeugen.)*

VALERIE: Hach, jetzt bin ich aber müd! *(Sie wirft sich neben ihn hin.)*

ZAUBERKÖNIG: Der sterbende Schwan[1]. *(Er nimmt neben ihr Platz.)*

(Stille.)

VALERIE: Darf ich meinen Kopf in deinen Schoß legen?

ZAUBERKÖNIG: Auf der Alm gibt's keine Sünd!

VALERIE *(tut es.)*: Die Erd ist nämlich noch hart – heuer war der Winter lang.

(Stille.)

VALERIE *(leise)*: Du. Geht's dir auch so? Wenn die Sonn so auf meine Haut scheint, wirds mir immer so weißnichtwie –

ZAUBERKÖNIG: Wie? Sag's mir.

(Stille.)

VALERIE: Du hast doch zuvor mit meinem Korsett gespielt?

(Stille.)

ZAUBERKÖNIG: Na und?

VALERIE: Na und?

---

[1] berühmte Tanzfigur, die Michel Fokine (1880–1942) für den „Karneval der Tiere" von Camille Saint Saäns (1835–1921) choreografierte.

ZAUBERKÖNIG *(wirft sich plötzlich über sie und küsst sie.)*

VALERIE: Gott, was für ein Temperament – das hätt ich dir gar nicht zugetraut – du schlimmer Mensch, du –

ZAUBERKÖNIG: Bin ich sehr schlimm?

5 VALERIE: Ja – nein, du! Halt, da kommt wer! *(Sie kugeln auseinander.)*

ERICH *(kommt in Badehose mit einem Luftdruckgewehr.)*: Verzeihung, Onkel! Du wirst es doch gestatten, wenn ich es mir jetzt gestatte, hier zu schießen?

10 ZAUBERKÖNIG: Was willst du?

ERICH: Schießen.

ZAUBERKÖNIG: Du willst hier schießen?

ERICH: Nach der Scheibe auf jener Buche dort. Übermorgen steigt nämlich das monatliche Preisschießen unseres

15 akademischen Wehrverbandes[1] und da möchte ich es mir nur gestatten, mich etwas einzuschießen. Also darf ich?

VALERIE: Natürlich.

ZAUBERKÖNIG: Natürlich? *(Zu Valerie.)* Natürlich! *(Er erhebt*

20 *sich.)* Wehrverband! Sehr natürlich! Nur das Schießen nicht verlernen. – Ich geh mich jetzt abkühlen! In unsere schöne blaue Donau! *(Für sich.)* Hängt's euch auf! *(Ab.)*

ERICH *(ladet[2], zielt und schießt.)*

25 VALERIE *(sieht ihm zu; nach dem dritten Schuss)*: Pardon, wenn ich Sie molestiere[3] – was studieren der junge Herr eigentlich?

ERICH: Jus. Drittes Semester. *(Er zielt.)* Arbeitsrecht. *(Schuss.)*

30 VALERIE: Arbeitsrecht. Ist denn das nicht recht langweilig?

ERICH *(ladet)*: Ich habe Aussicht, dereinst als Syndikus[4] mein Unterkommen zu finden. *(Er zielt.)* In der Industrie. *(Schuss.)*

---

[1] Akademikerverbund mit rechtsextremer Ideologie
[2] alte Form für „lädt"
[3] belästige
[4] Rechtsbeistand einer Firma oder einer Körperschaft

VALERIE: Und wie gefällt Ihnen unsere Wiener Stadt?

ERICH: Herrliches Barock[1].

VALERIE: Und die süßen Wiener Maderln?

ERICH: Offen gesagt: Ich kann mit jungen Mädchen nichts
5   anfangen. Ich war nämlich schon mal verlobt und hatte
nur bittere Enttäuschungen, weil Käthe eben zu jung war,
um meinem Ich Verständnis entgegenbringen zu können. Bei jungen Mädchen verschwendet man seine Gefühle an die falsche Adresse. Dann schon lieber eine
10   reifere Frau, die einem auch etwas geben kann.
(Schuss.)

VALERIE: Wo wohnen Sie denn?

ERICH: Ich möchte gerne ausziehen.

VALERIE: Ich hätt ein möbliertes Zimmer.

15 ERICH: Preiswert?

VALERIE: Geschenkt.

ERICH: Das träfe sich ja famos.
(Schuss.)

VALERIE: Herr Syndikus – geh, lassen S' mich auch mal
20   schießen –

ERICH: Mit Vergnügen!

VALERIE: Ganz meinerseits. *(Sie nimmt ihm das Gewehr ab.)*
Waren Sie noch Soldat?

ERICH: Leider nein – ich bin doch Jahrgang 1911.

25 VALERIE: 1911 – *(Sie zielt lange.)*

ERICH *(kommandiert)*: Stillgestanden! Achtung! Feuer!

VALERIE *(schießt nicht – langsam lässt sie das Gewehr sinken
und sieht ihn ernst an.)*

ERICH: Was ist denn los?

30 VALERIE: Au! *(Sie krümmt sich plötzlich und wimmert.)* Ich
hab so Stechen. – Meine arme Niere –
(Stille.)

ERICH: Kann ich Ihnen behilflich sein?

VALERIE: Danke. – Jetzt ist es schon wieder vorbei. Das ist
35   nämlich oft so, wenn ich mich freudig aufreg – ich muss
halt immer gleich büßen. Jetzt kann ich das Ziel nicht
mehr sehen –

---

[1]   europäischer Kunststil, geprägt durch repräsentative Prachtentfal-
tung (~1600–1720)

ERICH *(verwirrt)*: Was für ein Ziel?

VALERIE: Weil es halt schon dämmert – *(Sie umarmt ihn und er lässt sich umarmen; ein Kuss.)* Ein Ziel ist immer etwas Erstrebenswertes. Ein Mensch ohne Ziel ist
5 kein Mensch. – Du – du – Neunzehnhundertelfer –

IV An der schönen blauen Donau

Nun ist die Sonne untergegangen, es dämmert bereits, und in der Ferne spielt der lieben Tante ihr Reisegrammofon den „Frühlingsstimmen-Walzer" von Johann
10 *Strauß.*

ALFRED *(in Bademantel und Strohhut – er blickt verträumt auf das andere Ufer.)*

MARIANNE *(steigt aus der schönen blauen Donau und erkennt Alfred.)*

15 *Stille.)*

ALFRED *(lüftet den Strohhut.)*: Ich wusste es, dass Sie hier landen werden.

MARIANNE: Woher wussten Sie das?

ALFRED: Ich wusst es.

20 *(Stille.)*

MARIANNE: Die Donau ist weich wie Samt –

ALFRED: Wie Samt.

MARIANNE: Heut möcht ich weit fort – heut könnt man im Freien übernachten.

25 ALFRED: Leicht.

MARIANNE: Ach, wir armen Kulturmenschen! Was haben wir von unserer Natur!

ALFRED: Was haben wir aus unserer Natur gemacht? Eine Zwangsjacke. Keiner darf, wie er will.

30 MARIANNE: Und keiner will, wie er darf.

(Stille.)

ALFRED: Und keiner darf, wie er kann.

MARIANNE: Und keiner kann, wie er soll –

ALFRED *(umarmt sie mit großer Gebärde, und sie wehrt*
35 *sich mit keiner Faser – ein langer Kuss.)*

MARIANNE *(haucht)*: Ich hab's gewusst, ich hab's gewusst –

ALFRED: Ich auch.

MARIANNE: Liebst du mich, wie du solltest –?

ALFRED: Das hab ich im Gefühl. Komm, setzen wir uns. *(Sie setzen sich.)*

5   *(Stille.)*

MARIANNE: Ich bin nur froh, dass du nicht dumm bist – ich bin nämlich von lauter dummen Menschen umgeben. Auch Papa ist kein Kirchenlicht[1] – und manchmal glaub ich, er will sich durch mich an meinem armen Mutterl

10   selig rächen. Die war nämlich sehr eigensinnig.

ALFRED: Du denkst zu viel.

MARIANNE: Jetzt geht's mir gut. Jetzt möcht ich singen. Immer, wenn ich traurig bin, möcht ich singen – *(Sie summt und verstummt wieder.)* Warum sagst du kein Wort?

15   *(Stille.)*

ALFRED: Liebst du mich?

MARIANNE: Sehr.

ALFRED: So wie du solltest? Ich meine, ob du mich vernünftig liebst?

20 MARIANNE: Vernünftig?

ALFRED: Ich meine, ob du keine Unüberlegtheiten machen wirst – denn dafür könnt ich keine Verantwortung übernehmen.

MARIANNE: Oh Mann, grübl doch nicht – grübl nicht, schau

25   die Sterne – die werden noch droben hängen, wenn wir drunten liegen –

ALFRED: Ich lass mich verbrennen.

MARIANNE: Ich auch – du, o du – du –

(Stille.)

30 MARIANNE: Du – wie der Blitz hast du in mich eingeschlagen und hast mich gespalten – jetzt weiß ich es aber ganz genau.

ALFRED: Was?

MARIANNE: Dass ich ihn nicht heiraten werde –

35 ALFRED: Mariann!

MARIANNE: Was hast du denn?

(Stille.)

ALFRED: Ich hab kein Geld.

---

[1] ugs.: ist nicht der Hellste

MARIANNE: Oh, warum sprichst du jetzt davon?!

ALFRED: Weil das meine primitivste Pflicht ist! Noch nie in meinem Leben hab ich eine Verlobung zerstört, und zwar prinzipiell! Lieben ja, aber dadurch zwei Menschen
5 auseinanderbringen – nein! Dazu fehlt mir das moralische Recht! Prinzipiell!

(Stille).

MARIANNE: Ich hab mich nicht getäuscht, du bist ein feiner Mensch. Jetzt fühl ich mich doppelt zu dir gehörig – ich
10 pass nicht zu Oskar und basta!

(Es ist inzwischen finster geworden und nun steigen in der Nähe Raketen.)

ALFRED: Raketen. Deine Verlobungsraketen.

MARIANNE: Unsere Verlobungsraketen.

15 ALFRED: Und bengalisches Licht[1].

MARIANNE: Blau, grün, gelb, rot –

ALFRED: Sie werden dich suchen.

MARIANNE: Sie sollen uns finden – bleib bei mir, du, dich hat mir der Himmel gesandt, mein Schutzengel –

20 *(Jetzt gibt es bengalisches Licht – blau, grün, gelb, rot – und beleuchtet Alfred und Marianne; und den Zauberkönig, der knapp vor ihnen steht mit der Hand auf dem Herzen.)*

MARIANNE *(schreit unterdrückt auf.)*

25 *(Stille.)*

ALFRED *(geht auf den Zauberkönig zu)*: Herr Zauberkönig –

ZAUBERKÖNIG *(unterbricht ihn)*: Schweigen Sie! Mir brauchen Sie nichts zu erklären, ich hab ja alles gehört – na, das ist ja ein gediegener Skandal! Am Verlobungstag –!
30 Nacket herumliegen! Küss die Hand! Mariann! Zieh dich an! Dass nur der Oskar nicht kommt – Jesus Maria und ein Stückerl Josef!

ALFRED: Ich trag natürlich sämtliche Konsequenzen, wenn es sein muss.

35 ZAUBERKÖNIG: Sie haben da gar nichts zu tragen! Sie haben sich aus dem Staube zu machen, Sie Herr! Diese Verlobung darf nicht platzen, auch aus moralischen Gründen

---

[1] buntes Feuerwerk

nicht! Dass mir keine Seele was erfährt, Sie Halunk –
Ehrenwort!

ALFRED: Ehrenwort!

MARIANNE: Nein!!

5 ZAUBERKÖNIG *(unterdrückt)*: Brüll nicht! Bist du daneben?
Zieh dich an, aber marsch-marsch! Du Badhur[1]!

OSKAR *(erscheint und überblickt die Situation.)*: Marianne! Marianne!

ZAUBERKÖNIG: Krach in die Melon![2]

10 *(Stille.)*

ALFRED: Das Fräulein Braut haben bis jetzt geschwommen.

MARIANNE: Lüg nicht! So lüg doch nicht! Nein, ich bin nicht
geschwommen, ich mag nicht mehr schwimmen! Ich
15 lass mich von euch nicht mehr tyrannisieren. Jetzt bricht
der Sklave seine Fessel – da! *(Sie wirft Oskar den Verlobungsring ins Gesicht.)* Ich lass mir mein Leben nicht
verhunzen[3], das ist mein Leben! Gott hat mir im letzten
Moment diesen Mann da zugeführt. – Nein, ich heirat
20 dich nicht, ich heirat dich nicht, ich heirat dich nicht!!
Meinetwegen soll unsere Puppenklinik verrecken, eher
heut als morgen!

ZAUBERKÖNIG: Das einzige Kind! Das werd ich mir merken!
(Stille.)

25 *(Während zuvor Marianne geschrien hat, sind auch
die übrigen Ausflügler erschienen und horchen inter-
essiert und schadenfroh zu.)*

OSKAR *(tritt zu Marianne)*: Mariann, ich wünsch dir nie,
dass du das durchmachen sollst, was jetzt in mir vorgeht
30 – und ich werde dich auch noch weiter lieben, du entgehst mir nicht – und ich danke dir für alles. *(Ab.)*
(Stille.)

ZAUBERKÖNIG *(zu Alfred)*: Was sind Sie denn überhaupt?

ALFRED: Ich?

---

[1] „Badehure", Anspielung auf die mittelalterlichen Badehäuser, die oft
als unmoralische Orte verrufen waren

[2] Ausruf der Entrüstung

[3] verunstalten

VALERIE: Nichts. Nichts ist er.

ZAUBERKÖNIG: Ein Nichts. Das auch noch. Ich habe keine Tochter mehr! *(Ab mit den Ausflüglern – Alfred und Marianne bleiben allein zurück; jetzt scheint der Mond.)*

ALFRED: Ich bitte dich um Verzeihung.

MARIANNE *(reicht ihm die Hand.)*

ALFRED: Dass ich dich nämlich nicht hab haben wollen – dafür trägt aber nur mein Verantwortungsgefühl die Verantwortung. Ich bin deiner Liebe nicht wert, ich kann dir keine Existenz bieten, ich bin überhaupt kein Mensch –

MARIANNE: Mich kann nichts erschüttern. Lass mich aus dir einen Menschen machen – du machst mich so groß und weit –

ALFRED: Und du erhöhst mich. Ich werd ganz klein vor dir in seelischer Hinsicht.

MARIANNE: Und ich geh direkt aus mir heraus und schau mir nach – jetzt, siehst du, jetzt bin ich schon ganz weit fort von mir – ganz dort hinten, ich kann mich kaum mehr sehen. – Von dir möcht ich ein Kind haben –

Ende des ersten Teiles

Zweiter Teil

I

Wieder in der stillen Straße im achten Bezirk, vor Os-
kars Fleischhauerei, der Puppenklinik und Frau Vale-
5 *ries Tabak-Trafik. Die Sonne scheint wie dazumal und*
auch die Realschülerin im zweiten Stock spielt noch
immer die „Geschichten aus dem Wiener Wald" von
Johann Strauß.

HAVLITSCHEK *(steht in der Tür der Fleischhauerei und*
10 *frisst Wurst.)*
DAS FRÄULEIN EMMA *(ein Mädchen für alles[1], steht mit ei-*
ner Markttasche neben ihm; sie lauscht der Musik.):
Herr Havlitschek –
HAVLITSCHEK: Ich bitte schön?
15 EMMA: Musik ist doch etwas Schönes, nicht?
HAVLITSCHEK: Ich könnt mir schon noch etwas Schöneres
vorstellen, Fräulein Emma.
EMMA *(summt leise den Walzer mit.)*
HAVLITSCHEK: Das tät nämlich auch von Ihnen abhängen,
20 Fräulein Emma.
EMMA: Mir scheint gar, Sie sind ein Casanova[2], Herr Hav-
litschek.
HAVLITSCHEK: Sagen S' nur ruhig Ladislaus zu mir.
Pause.
25 EMMA: Gestern hab ich von Ihrem Herrn Oskar geträumt.
HAVLITSCHEK: Haben Sie sich nix Gescheiteres träumen kön-
nen?
EMMA: Der Herr Oskar hat immer so große melancholische[3]
Augen – es tut einem direkt weh, wenn er einen an-
30 schaut –
HAVLITSCHEK: Das macht die Liebe.
EMMA: Wie meinen Sie das jetzt?

---

[1] Haushaltshilfe
[2] wegen seiner zahlreichen Liebesaffären berühmt gewordener italie-
nischer Lebemann (1725–1798)
[3] schwermütige

HAVLITSCHEK: Ich meine das jetzt so, dass er in ein nichtsnutziges Frauenzimmer verliebt ist – die hat ihn nämlich sitzenlassen, schon vor einem Jahr, und ist sich mit einem andern Nichtsnutzigen auf und davon.

5 EMMA: Und er liebt sie noch immer? Das find ich aber schön.

HAVLITSCHEK: Das find ich blöd.

EMMA: Aber eine große Leidenschaft ist doch was Romantisches –

10 HAVLITSCHEK: Nein, das ist etwas Ungesundes! Schaun S' doch nur, wie er ausschaut, er quält sich ja direkt selbst – es fallt[1] ihm schon gar keine andere Frau mehr auf, und derweil hat er Geld wie Heu und ist soweit auch ein Charakter, der könnt doch für jeden Finger eine gute

15 Partie haben – aber nein! Akkurat[2] auf die läufige Bestie hat er sich versetzt – weiß der Teufel, was er treibt!

EMMA: Wie meinen Sie das jetzt wieder, Herr Havlitschek?

HAVLITSCHEK: Ich meine das so, dass man es nicht weiß, wo er es hinausschwitzt.

20 EMMA: O Sie garstiger[3] Mann!

(Pause.)

HAVLITSCHEK: Fräulein Emma. Morgen ist Freitag und ich bin an der Endhaltestelle von der Linie achtundsechzig.

25 EMMA: Ich kann aber nicht vor drei.

HAVLITSCHEK: Das soll kein Hindernis sein.

(Pause.)

EMMA: Also um halb vier – und vergessen S' aber nur ja nicht, was Sie mir versprochen haben – dass Sie nämlich

30 nicht schlimm sein werden, lieber Ladislaus – *(Ab.)*

HAVLITSCHEK *(sieht ihr nach und spuckt die Wursthaut aus.)*: Dummes Luder, dummes –

OSKAR *(tritt aus seiner Fleischhauerei.)*: Dass du es nur ja nicht vergisst: wir müssen heut noch die Sau abste-

35 chen. –

---

[1] österr. für: „fällt“

[2] hier: genau, ausgerechnet

[3] gemeiner

Stichs du, ich hab heut keinen Spaß daran.

(Pause.)

HAVLITSCHEK: Darf ich einmal ein offenes Wörterl reden, Herr Oskar?

5 OSKAR: Dreht sich's um die Sau?

HAVLITSCHEK: Es dreht sich schon um eine Sau, aber nicht um dieselbe Sau. – Herr Oskar, bittschön, nehmen S' Ihnen das nicht so zu Herzen, das mit Ihrer gewesenen Fräulein Braut, schaun S', Weiber gibt's wie Mist! Ein
10 jeder Krüppel findt ein Weib und sogar die Geschlechtskranken auch! Und die Weiber sehen sich ja in den entscheidenden Punkten alle ähnlich, glauben S' mir, ich meine es ehrlich mit Ihnen! Die Weiber haben keine Seele, das ist nur äußerliches Fleisch! Und man soll so
15 ein Weib auch nicht schonend behandeln, das ist ein Versäumnis, sondern man soll ihr nur gleich das Maul zerreißen oder so!

(Pause.)

OSKAR: Das Weib ist ein Rätsel, Havlitschek. Eine Sphinx[1].
20 Ich hab mal der Mariann ihre Schrift zu verschiedenen Grafologen[2] getragen – und der erste hat gesagt, also das ist die Schrift eines Vampirs, und der zweite hat gesagt, das ist eine gute Kameradin, und der dritte hat gesagt, das ist die ideale Hausfrau in persona. Ein En-
25 gel.

II Möbliertes Zimmer im achtzehnten Bezirk

Äußerst preiswert. Um sieben Uhr morgens. Alfred liegt noch im Bett und raucht Zigaretten. Marianne putzt sich bereits die Zähne. In der Ecke ein alter Kinderwa-
30 *gen – auf einer Schnur hängen Windeln. Der Tag ist grau und das Licht trüb.*

MARIANNE *(gurgelt.)*: Du hast mal gesagt, ich sei ein Engel. Ich habe gleich gesagt, dass ich kein Engel bin – dass ich

---

[1] Gestalt aus der griechischen Ödipus-Sage; hier: rätselhafte Person
[2] Schriftexperten

nur ein gewöhnliches Menschenkind bin, ohne Ambitionen. Aber du bist halt ein kalter Verstandesmensch.

ALFRED: Du weißt, dass ich kein Verstandesmensch bin.

MARIANNE: Doch! *(Sie frisiert sich nun.)* Ich müsst mir mal
5 die Haar schneiden lassen.

ALFRED: Ich auch.

(Stille.)

Mariannderl. Warum stehst denn schon so früh auf?

MARIANNE: Weil ich nicht schlafen kann.

10 *(Stille.)*

ALFRED: Fühlst dich nicht gut in deiner Haut?

MARIANNE: Du vielleicht? *(Sie fixieren sich.)*

ALFRED: Wer hat mir denn die Rennplätz verleidet? Seit
   einem geschlagenen Jahr hab ich keinen Buchmacher
15   mehr gesprochen, geschweige denn einen Fachmann
   – jetzt darf ich mich natürlich aufhängen! Neue Saisons,
   neue Favoriten! Zweijährige, dreijährige[1] – ich hab keinen Kontakt mehr zur neuen Generation. Und warum
   nicht? Weil ich ausgerechnet eine Hautcreme ver-
20   schleiß[2], die keiner kauft, weil sie miserabel ist!

MARIANNE: Die Leut haben halt kein Geld.

ALFRED: Nimm nur die Leut in Schutz!

MARIANNE: Ich mach dir doch keine Vorwürf, du kannst
   doch nichts dafür.

25 ALFRED: Das wäre ja noch schöner!

MARIANNE: Als ob ich was für die wirtschaftliche Krise
   könnt!

ALFRED: Oh, du egozentrische Person. – Wer hat mir denn
   den irrsinnigen Rat gegeben, als Kosmetik-Agent[3] he-
30   rumzurennen? Du! *(Er steht auf.)* Wo stecken denn
   meine Sockenhalter?

MARIANNE *(deutet auf einen Stuhl)*: Dort.

ALFRED: Nein.

MARIANNE: Dann auf dem Nachtkastl.

35 ALFRED: Nein.

---

[1] Bei Rennen von Zuchtpferden laufen jeweils gleich alte Tiere gegen-
   einander.
[2] verkaufe, verhökere
[3] Vertreter für kosmetische Produkte

MARIANNE: Dann weiß ich es nicht.

ALFRED: Du hast es aber zu wissen!

MARIANNE: Nein, genau wie Papa –

ALFRED: Vergleich mich nicht immer mit dem alten Trot-
5   tel!

MARIANNE: Nicht so laut! Wenn das Kind aufwacht, dann
kenn ich mich wieder nicht aus vor lauter Geschrei!
(Stille.)

ALFRED: Also das mit dem Kind muss auch anders werden.
10   Wir können doch nicht drei Seelen hoch in diesem Loch
vegetieren[1]! Das Kind muss weg!

MARIANNE: Das Kind bleibt da.

ALFRED: Das Kind kommt weg.

MARIANNE: Nein. Nie!

15   *(Stille.)*

ALFRED: Wo stecken meine Sockenhalter?

MARIANNE *(sieht ihn groß an)*: Weißt du, was das heut für
ein Datum ist?

ALFRED: Nein.

20   MARIANNE: Heut ist der Zwölfte.

(Stille.)

ALFRED: Was willst du damit sagen?

MARIANNE: Dass das heut ein Gedenktag ist. Heut vor einem
Jahr hab ich dich zum ersten Mal gesehen. In unserer
25   Auslag.

ALFRED: Ich bitt dich, red nicht immer in Hieroglyphen[2]!
Wir sind doch keine Ägypter! In was für einer Auslag?

MARIANNE: Ich hab grad das Skelett arrangiert und da hast
du an die Auslag geklopft. Und da hab ich die Rouleaus
30   heruntergelassen, weil es mir plötzlich unheimlich geworden ist.

ALFRED: Stimmt.

MARIANNE: Ich war viel allein – *(Sie weint leise.)*

ALFRED: So flenn doch nicht schon wieder. – Schau, Mari-
35   anderl, ich versteh dich ja hundertperzentig[3] mit deinem

---

[1]   in einfachsten Verhältnissen dahinleben
[2]   schwer zu entschlüsselnde Schriftzeichen aus der Kultur des alten
Ägyptens
[3]   österr.: hundertprozentig

mütterlichen Egoismus, aber es ist doch nur im Interesse unseres Kindes, dass es aus diesem feuchten Loch herauskommt – hier ist es grau und trüb, und draußen bei meiner Mutter in der Wachau scheint die Sonne.

5 MARIANNE: Das schon –

ALFRED: Na also!

    (Stille.)

MARIANNE: Über uns webt das Schicksal Knoten in unser Leben[1] – *(Sie fixiert plötzlich Alfred.)* Was hast du jetzt

10   gesagt?

ALFRED: Wieso?

MARIANNE: Du hast gesagt: dummes Kalb.

ALFRED: Aber was!

MARIANNE: Lüg nicht!

15 ALFRED *(putzt sich die Zähne und gurgelt.)*

MARIANNE: Du sollst mich nicht immer beschimpfen.

    (Stille.)

ALFRED *(seift sich nun ein, um sich zu rasieren.)*: Liebes Kind, es gibt eben etwas, was ich aus tiefster Seel heraus

20   hass – und das ist die Dummheit. Und du stellst dich schon manchmal penetrant[2] dumm. Ich versteh das gar nicht, warum du so dumm bist! Du hast es doch schon gar nicht nötig, dass du so dumm bist!

    (Stille.)

25 MARIANNE: Du hast mal gesagt, dass ich dich erhöh – in seelischer Hinsicht –

ALFRED: Das hab ich nie gesagt. Das kann ich gar nicht gesagt haben. Und wenn, dann hab ich mich getäuscht.

30 MARIANNE: Alfred!

ALFRED: Nicht so laut! So denk doch an das Kind!

MARIANNE: Ich hab so Angst, Alfred –

ALFRED: Du siehst Gespenster.

MARIANNE: Du, wenn du jetzt nämlich alles vergessen hast –

35 ALFRED: Quatsch!

---

[1] Anspielung auf den griechischen Mythos, in dem die Moiren, die Schicksalsgöttinnen, den Schicksalsfaden der Menschen weben

[2] aufdringlich

III Kleines Café im zweiten Bezirk

DER HIERLINGER FERDINAND *(spielt gegen sich selbst Billard.)*

ALFRED *(kommt.)*

5 DER HIERLINGER FERDINAND: Servus, Alfred! Na, das ist aber hübsch, dass ich dich wieder mal seh – was machst denn für ein fades Gesicht?

ALFRED: Ich bin halt sehr nervös.

DER HIERLINGER FERDINAND: Nervosität ist nie gut. Komm, sei
10 so gut und spiel mit mir, damit du auf andere Gedanken kommst – *(er reicht ihm ein Queue[1])*. Bis fünfzig und du fangst an!

ALFRED: Bon[2]. *(Er patzt.)* Aus ist!

DER HIERLINGER FERDINAND *(kommt dran)*: Ist das jetzt wahr,
15 dass du wieder ein Bankbeamter geworden bist?

ALFRED: Ist ja alles überfüllt!

DER HIERLINGER FERDINAND: Cherchez la femme[3]! Wenn die Lieb erwacht, sitzt der Verstand im Hintern!

ALFRED: Mein lieber Ferdinand – hier dreht es sich nicht um
20 den kühlen Kopf, sondern um ein ganz anderes Organ – *(Er legt seine Hand aufs Herz.)* Es gibt ein Märchen von Andersen[4], wo der unartige Knabe dem guten alten Dichter mitten ins Herz schießt – Amor[5], lieber Ferdinand, Gott Amor!

25 DER HIERLINGER FERDINAND *(ist in seine Serie vertieft.)*: Da hätt man buserieren[6] soll'n –

ALFRED: Ich bin halt ein weicher Mensch, und sie hat an meine Jugendideale appelliert. Zuerst war ja eine gewisse normale Leidenschaftlichkeit dabei – und dann,
30 wie der ursprüngliche Reiz weg war, kam das Mitleid bei mir. Sie ist halt so ein Typ, bei dem der richtige Mann

---

[1] (franz.) Billardstock

[2] franz.: gut

[3] franz.: Sucht die Frau! (also die Ursache für auffälliges Verhalten eines Mannes)

[4] Hans Christian Andersen (1805 – 1875), dänischer Schriftsteller

[5] Gott der Liebe im römischen Mythos

[6] Fachausdruck für eine bestimmte Stoßtechnik im Billard

mütterlich wird, obwohl sie manchmal schon ein bos-
haftes Luder ist. Meiner Seel, ich glaub, ich bin ihr hö-
rig!

DER HIERLINGER FERDINAND: Hörigkeit[1] ist eine Blutfrage.
5 Eine Temperaturfrage des Blutes.

ALFRED: Glaubst du?

DER HIERLINGER FERDINAND: Bestimmt.

  (*Stille.*)

DER HIERLINGER FERDINAND: Du bist dran: Elf!

10 ALFRED *(spielt nun.)*

DER HIERLINGER FERDINAND: Alfred! Weißt du aber auch, was
meine Grenzen total übersteigt? Sich in der heutigen
Krise auch noch ein Kind anzuschaffen –

ALFRED: Gott ist mein Zeuge, dass ich nie ein Kind hab
15 haben wollen, das hat nur sie haben wollen – und dann
ist es halt so von allein gekommen. Ich wollte es ja gleich
stante pede[2] wegmachen lassen, aber sie hat sich schon
direkt fanatisch dagegen gesträubt, und ich hab schon
sehr energische Seiten aufziehen müssen, bis ich sie
20 endlich so weit gehabt hab, dass sie sich der Prozedur
unterzieht – kannst dir das Affentheater vorstellen! Eine
kostspielige Prozedur war das, meiner Seel – und dann
war's doch nur für die Katz! Pech muss der Mensch
haben, und das genügt!

25 MARIANNE *(erscheint.)*

ALFRED *(erblickt sie und ruft ihr zu)*: Setz dich nur dorthin
  – ich spiel hier nur meine Partie zu End!

MARIANNE *(setzt sich an einen Tisch und blättert in Modejournalen.)*

30   *(Stille.)*

DER HIERLINGER FERDINAND: Ist das deine Donna[3]?

ALFRED: Yes.

  (Stille.)

DER HIERLINGER FERDINAND: Also das wär deine Donna. Ko-
35 misch. Jetzt lebt mein lieber guter Freund Alfred schon
über ein Jahr mit so einem Frauerl zusammen und ich

---

[1] seelische Abhängigkeit von einer dominanten Person
[2] lat.: „stehenden Fußes", augenblicklich
[3] ital.: Frau

seh sie erst heut zum ersten Mal. – Eigentlich machen das ja sonst nur die eifersüchtigen Bosniaken[1], dass sie ihre Lieblingsweiber vor ihren besten Freunden wegsperren.

5 ALFRED: Hier ist aber das Gegenteil der Fall. Nicht ich hab sie, sondern sie hat mich von meinen besten Freunden abgeriegelt –

DER HIERLINGER FERDINAND *(unterbricht ihn.)*: Wie heißt sie denn eigentlich?

10 ALFRED: Marianne.

(Stille.)

Gefällt's dir?

DER HIERLINGER FERDINAND: Ich hab mir sie eigentlich anders vorgestellt.

15 ALFRED: Wieso?

DER HIERLINGER FERDINAND: Etwas molliger.

ALFRED: Noch molliger?

DER HIERLINGER FERDINAND: Ich weiß nicht, warum. Man macht sich ja unwillkürlich so Vorstellungen.

20 *(Stille.)*

ALFRED: Sie ist ganz schön mollig. Molliger, als wie du denkst.

(Stille.)

DER HIERLINGER FERDINAND: Scheißlich[2], scheißlich! Also das 25 war schon ein grandioser Blödsinn, dass du mit der verrückten Trafikantin gebrochen hast! Du wärst heute versorgt und ohne Sorgen!

ALFRED: Über die Vergangenheit zu plauschen hat keinen Sinn! Hilf mir lieber, dass ich möglichst schmerzlos für 30 alle Teile aus dieser unglückseligen Bindung herauskomm!

DER HIERLINGER FERDINAND: Das ist nicht so einfach. Ihr seid natürlich wirtschaftlich nicht auf Rosen gebettet.

ALFRED: Auf Dornen, lieber Ferdinand! Auf Dornen und 35 Brennnesseln, wie der alte selige Hiob[3].

---

[1] Bosnier
[2] österr. für: scheußlich
[3] Im alttestamentlichen Buch Hiob erleidet der fromme Hiob zahlreiche Schicksalsschläge, bis ihn Gott schließlich erhört.

(Stille.)

DER HIERLINGER FERDINAND: Wo steckt denn das Kind?

ALFRED: Bei meiner Mutter. Draußen in der Wachau. Endlich!

5 DER HIERLINGER FERDINAND: Das erleichtert natürlich die Lage. Ich würd halt jetzt danach trachten, dass sich deine liebe Mariann ad eins[1] finanziell selbständig sichert – dass sie sich nämlich irgendwie in das Berufsleben einschaltet: Eine Geliebte mit Beruf unterhöhlt auf

10 die Dauer bekanntlich jede Liebesverbindung, sogar die Ehe! Das ist doch auch ein Hauptargument unserer Kirche in ihrem Kampfe gegen die berufstätige Frau, weil eine solche halt familienzerstörend wirkt – und glaubst denn du, dass die Kardinäl dumm sind? Das sind

15 die Besten der Besten, unsere fähigsten Köpfe!

ALFRED: Das schon. Aber die Mariann hat doch nichts gelernt in puncto Berufsleben. Das Einzige, wofür sie Interesse hat, ist die rhythmische Gymnastik.

DER HIERLINGER FERDINAND: Rhythmische Gymnastik ist immer gut!

20 ALFRED: Glaubst du?

DER HIERLINGER FERDINAND: Bestimmt!

ALFRED: Ich glaub, ich kann schon gar nicht mehr glauben.

25 DER HIERLINGER FERDINAND: Rhythmische Gymnastik ist zu guter Letzt nur eine Abart der Tanzerei – und da winkt uns vielleicht ein Stern. Ich kenne nämlich auf dem Gebiete der Tanzerei eine Baronin mit internationalen Verbindungen und die stellt so Ballette zusammen für

30 elegante Etablissements[2] – das wären doch eventuell Entfaltungsmöglichkeiten! Abgesehen davon, dass mir diese Baronin sehr verpflichtet ist.

ALFRED: Ich wär dir ja ewig dankbar –

DER HIERLINGER FERDINAND: Ich bin dein Freund und das

35 genügt mir! Weißt was, wenn ich jetzt gleich geh, dann erwisch ich die Baronin noch beim Bridge[3] – also Ser-

---

[1] lat./österr.: zuerst

[2] franz., hier: zweifelhafte Vergnügungsstätten

[3] Kartenspiel

vus, lieber Alfred! Sei so gut und leg den Schwarzen[1]
für mich aus! Und Kopf hoch, du hörst von mir, und es
wird schon alles wieder gut! *(Ab.)*

ALFRED: *(nähert sich mit seinem Queue langsam Marian-*
5 *ne und setzt sich an ihren Tisch.)*

MARIANNE: Wer hat denn gewonnen?

ALFRED: Ich habe verloren, weil ich halt Glück in der Liebe
hab – *(Er lächelt, starrt aber plötzlich auf ihren Hals.)*
Was hast denn dort?

10 MARIANNE: Da? Das ist ein Amulett[2].

ALFRED: Was für ein Amulett?

MARIANNE: Der heilige Antonius.

ALFRED: Der heilige Antonius – seit wann denn?
(Stille.)

15 MARIANNE: Als ich noch klein gewesen bin, und wenn ich etwas
verloren hab, dann hab ich nur gesagt: Heiliger Antonius,
hilf mir doch! – Und schon hab ich es wieder gefunden.
(Stille.)

ALFRED: War das jetzt symbolisch?

20 MARIANNE: Es war nur so überhaupt –
(Stille.)

ALFRED: Ich für meine Person glaub ja nicht an ein Fortle-
ben nach dem Tode, aber natürlich glaub ich an ein
höheres Wesen, das gibt es nämlich sicher, sonst gäb's
25 uns ja nicht. – Hör mal her, du heiliger Antonius, ich
hätt dir was eventuell Wichtiges zu erzählen. –

IV Bei der Baronin
mit den internationalen Verbindungen

Helene, die blinde Schwester der Baronin, sitzt im Sa-
30 *lon am Spinett[3] und fantasiert[4]. Jetzt erscheint der*
Hierlinger Ferdinand mit Marianne, geleitet von dem
Dienstbot.

---

[1]   Kaffee
[2]   Glücksbringer, meist an einer Halskette hängend
[3]   Saiteninstrument
[4]   improvisiert

HELENE: (*unterbricht ihre Fantasien*): Anna! Wer ist denn
da?

DER DIENSTBOT: Der gnädige Herr von Hierlinger und ein
Fräulein. (*Ab.*)

5 DER HIERLINGER FERDINAND: Küss die Hand, Komtess[1]!

HELENE (*erhebt sich und tappt auf ihn zu*): Ach guten Tag,
Herr von Hierlinger! Das freut mich aber, dass wir uns
wieder mal sehen –

DER HIERLINGER FERDINAND: Ganz meinerseits, Komtess! Ist

10 die Baronin da?

HELENE: Ja, meine Schwester ist zu Haus, sie hat aber grad
mit dem Installateur zu tun – ich hab nämlich neulich
etwas Unrechtes in den Ausguss geworfen, und jetzt ist
alles verstopft – wen haben S' denn da mitgebracht,

15 Herr von Hierlinger?

DER HIERLINGER FERDINAND: Das ist eine junge Dame, die ein
starkes Interesse an der rhythmischen Gymnastik hat –
ich hab sie der Baronin bereits avisiert[2]. Darf ich bekannt machen –

20 HELENE (*unterbricht ihn*): Oh, sehr angenehm! Ich kann
Sie ja leider nicht sehen, aber Sie haben eine sympa-
thische Hand. – So lassen S' mir doch Ihre Hand, Sie
Fräulein mit der Hand –

DER HIERLINGER FERDINAND: Die Komtess Helen kann nämlich

25 ganz exorbitant[3] handlesen.
(*Stille.*)

MARIANNE: Was hab ich denn für eine Hand?

HELENE (*hält noch immer ihre Hand fest.*): Das ist nicht
so einfach, liebes Kind, wir Blinden müssen uns nämlich

30 nach dem Tastgefühl orientieren. – Sie haben noch nicht
viel hinter sich, mehr vor sich –

MARIANNE: Was denn?

BARONIN (*mit kosmetischer Gesichtsmaske, tritt unbe-
merkt ein und lauscht.*)

35 HELENE: Ich möcht fast sagen, das ist eine genießerische
Hand. – Sie haben doch auch ein Kind, nicht?

---

[1] unverheiratete Grafentochter

[2] angekündigt

[3] außerordentlich, übertrieben

MARIANNE: Ja.

DER HIERLINGER FERDINAND: Fabelhaft! Fabelhaft!

HELENE: Bub oder Mädel?

MARIANNE: Bub.

5   *(Stille.)*

HELENE: Ja, Sie werden noch viel Freud haben mit dem Buben – der wird schon noch was Richtiges –

MARIANNE *(lächelt)*: Wirklich?

BARONIN: Helen! Was treibst denn da schon wieder für einen

10   Unsinn! Bist doch keine Zigeunerin! Schau lieber, dass du nicht wieder das Klosett[1] verstopfst, mein Gott, ist das da draußen eine Schweinerei! Du und Handlesen! Ist ja paradox! *(Sie nimmt die Gesichtsmaske ab.)*

HELENE: O, ich hab meine Ahnungen!

15   BARONIN: Hättest du lieber eine Ahnung gehabt in puncto Klosett! Die Schweinerei kostet mich wieder fünf Schilling! Wer lebt denn da, wer lebt denn da?! Ich von dir oder du von mir?!

(Stille.)

20   BARONIN: Also lieber Hierlinger, das wäre also das Fräulein, über das wir vorgestern telefoniert haben.

DER HIERLINGER FERDINAND: Das wäre es. *(Leise.)* Und bittschön: Gefälligkeit gegen Gefälligkeit.

BARONIN *(droht ihm neckisch mit dem Zeigefinger)*: Klei-

25   ne Erpressung gefällig?

DER HIERLINGER FERDINAND: Der Zeigefinger hat mir nicht gefallen, der Zeigefinger –

BARONIN: Ein Ehrenmann – *(Sie lässt ihn giftig stehen und geht nun um Marianne herum – betrachtet sie von*

30   *allen Seiten.)* Hm. Sagen Sie, Fräulein, Sie haben also starkes Interesse an der rhythmischen Gymnastik?

MARIANNE: Ja.

BARONIN: Und Sie möchten dieses Ihr vorhandenes Interesse praktisch auswerten?

35   MARIANNE: Ja.

BARONIN: Können Sie singen?

MARIANNE: Singen?

---

[1]   Toilette

BARONIN: Ich geh von dem Grundsatz aus, dass es ein Nicht-können nicht gibt. Man kann alles, wenn man nur will! Die Tanzgruppen, die ich zusammenstell, sind internationale Attraktionen für erstklassige Vergnügungsetab-
5 lissements. Sie können also nicht singen?
MARIANNE: Leider –
BARONIN: Haben S' denn in der Schul nicht singen gelernt?
MARIANNE: Das schon.
BARONIN: Na also! Ich möcht doch nur Ihre Stimm hören!
10 Kennen S' denn kein Wienerlied, Sie sind doch Wienerin – irgendein Heimatlied –
MARIANNE: Vielleicht das Lied von der Wachau?
BARONIN Also schön! Los! Das Lied von der Wachau!
MARIANNE *(singt – am Spinett: Helene)*:
15 Es kam einst gezogen ein Bursch ganz allein
Und wanderte froh in den Abend hinein.
Da flog ein Lächeln ihm zu und ein Blick.
Er dachte noch lange daran zurück.
Ein rosiges Antlitz, ein goldener Schopf,
20 Zwei leuchtende Augen, ein Mädchenkopf.
Das Mädel, das ging ihm nicht mehr aus dem Sinn,
Und oft sang er vor sich hin:
   Da draußen in der Wachau
   Die Donau fließt so blau,
25 Steht einsam ein Winzerhaus,
   Da schaut ein Mädel heraus.
   Hat Lippen rot wie Blut,
   Und küssen kann's so gut,
   Die Augen sind veilchenblau
30 Vom Mädel in der Wachau.

V Draußen in der Wachau

Auch hier scheint die Sonne wie dazumal – nur dass nun vor dem Häuschen ein alter Kinderwagen steht.

DIE MUTTER *(zu Alfred)*: Er sieht dir sehr ähnlich, der klei-
35 ne Leopold – und schreit auch nicht viel. Auch du warst so ein sanftes Kind.

ALFRED: Ich freu mich nur, dass ich ihn nicht in Wien hab. Hier heraußen in der guten Luft wird er besser gedeihen, als wie drinnen in unserer Kasern[1].

DIE MUTTER: Tritt die Mariann jetzt schon auf beim Ballett?

ALFRED: Nein, erst ab nächsten Samstag.

(Stille.)

DIE MUTTER *(besorgt)*: Du hast mal gesagt, wenn du ein Kind hast, dann würdest du heiraten. Ist das noch so?

ALFRED: Du hast mal gesagt, ich könnt eine gute Partie machen.

(Stille.)

DIE MUTTER: Natürlich ist das kein Glück, diese Verbindung.

ALFRED: Könnt ich jetzt mal die liebe Großmutter sprechen?

DIE MUTTER: Ich werd's ihr gleich sagen – ich muss jetzt sowieso noch in den Keller. *(Ab in das Häuschen.)*

ALFRED *(allein; er beugt sich über den Kinderwagen und betrachtet sein Kind.)*

DIE GROSSMUTTER *(tritt aus dem Häuschen.)*: Der Herr wünschen?

ALFRED: Hast es dir nun überlegt?

DIE GROSSMUTTER: Ich hab kein Geld. Solang du mit der Person zusammenlebst, hab ich kein Geld! Lebt sich da in wilder Ehe zusammen, wie in einem Hundestall, setzt Bankerten[2] in die Welt, die nur anderen zur Last fallen, und schämt sich nicht, von seiner alten Großmutter noch Geld zu verlangen! Keinen Kreuzer[3]! Keinen Kreuzer!

ALFRED: Letztes Wort?

DIE GROSSMUTTER: Hundestall! Hundestall!

ALFRED: Du alte Hex.

(Stille.)

DIE GROSSMUTTER: Was hast du gesagt?

ALFRED: *(schweigt.)*

---

[1] verkürzt für: Mietskaserne
[2] derb für: uneheliche Kinder
[3] Kleinmünze, in Österreich 1924 abgelöst durch den Groschen

DIE GROSSMUTTER: Traust es dir noch einmal zu sagen?

ALFRED: Warum nicht?

DIE GROSSMUTTER: So sag's doch!

ALFRED: Hex. Alte Hex.

5 DIE GROSSMUTTER *(nähert sich ihm langsam und kneift ihn in den Arm.)*

ALFRED *lächelt*: Wie bitte?

DIE GROSSMUTTER *(kneift ihn)*: Na wart, du wirst es schon noch spüren! Da und da und da!

10 ALFRED *(schüttelt sie ab, da er nun tatsächlich was spürt.)*: Um mir weh zu tun, dazu gehören Leut, aber keine Frösch!

DIE GROSSMUTTER *(weint vor Wut)*: Gib mir mein Geld zurück, du Schuft! Mein Geld möcht ich haben, Hader-

15 lump[1], Verbrecher!

ALFRED *(lacht.)*

DIE GROSSMUTTER *(kreischt)*: Lach nicht! *(Sie versetzt ihm einen Hieb mit ihrem Krückstock.)*

ALFRED: Au!

20 *(Stille.)*

DIE GROSSMUTTER *(grinst befriedigt)*: Hast mich gespürt? Hast mich jetzt gespürt?

ALFRED: Du Hex. Du alte Hex.

DIE GROSSMUTTER: *(hebt triumphierend den Krückstock.)*

25 ALFRED: Untersteh dich!

DIE GROSSMUTTER: Hab nur keine Angst – du dummer Bub. Oh, ich krieg dich schon noch runter – ich krieg meine Leut schon noch runter. – Eieiei, da hängt dir ja schon wieder ein Knopf – wie kann man sich nur mit so einer

30 schlamperten[2] Weibsperson –

ALFRED *(unterbricht sie)*: Also schlampert ist sie nicht! *(Stille.)*

DIE GROSSMUTTER: Sie hat einen viel zu großen Mund.

ALFRED: Geschmacksach!

35 DIE GROSSMUTTER: Wart, ich näh dir jetzt nur den Knopf an – *(Sie näht ihn an.)* Was brauchst du überhaupt eine Frau, so wie deine alte Großmutter wird dir keine den

---

[1] südd.: Taugenichts

[2] „verschlampten", also verkommen

Knopf annähen – bist es ja gar nicht wert, dass man sich um dich sorgt – schafft sich mit dem Bettelweib auch noch ein Kind an, ein Kind!

ALFRED: Aber das kann doch vorkommen.

5 DIE GROSSMUTTER: So ein Leichtsinn, so ein Leichtsinn!

ALFRED: Du weißt doch, dass ich alle Hebel in Bewegung gesetzt hab – aber es sollte halt nicht sein.
(Stille.)

DIE GROSSMUTTER: Bist ein armer Teufel, lieber Alfred –

10 ALFRED: Warum?

DIE GROSSMUTTER: Dass du immer solchen Weibern in die Händ fallen musst –
(Stille.)

DIE GROSSMUTTER: Du, Alfred, wenn du dich jetzt von dei-
15 nem Marianderl trennst, dann tät ich dir was leihen –
(Stille.)

ALFRED: Wieso?

DIE GROSSMUTTER: Hast mich denn nicht verstanden?
(Stille.)

20 ALFRED: Wie viel?

DIE GROSSMUTTER: Bist doch noch jung und schön –

ALFRED *(deutet auf den Kinderwagen)*: Und das dort?

DIE GROSSMUTTER: An das denk jetzt nicht. Fahr nur mal fort –
25 *(Stille.)*

ALFRED: Wohin?

DIE GROSSMUTTER: Nach Frankreich. Dort geht's jetzt noch am besten, hab ich in der Zeitung gelesen. – Wenn ich jung wär, ich tät sofort nach Frankreich –

30   **VI Und wieder in der stillen Straße
im achten Bezirk**

*Es ist bereits am späten Nachmittag und die Realschü-
lerin im zweiten Stock spielt den „Frühlingsstimmen-
Walzer" von Johann Strauß.*

35 OSKAR *(steht in der Tür seiner Fleischhauerei und mani-
kürt sich mit seinem Taschenmesser.)*

RITTMEISTER: *(kommt von links und grüßt Oskar.)*
OSKAR: *(verbeugt sich.)*
RITTMEISTER: Also das muss ich schon sagen: die gestrige Blutwurst – Kompliment! First class!
5 OSKAR: Zart, nicht?
RITTMEISTER: Ein Gedicht. *(Er nähert sich der Tabak-Trafik.)*
VALERIE: *(erscheint in der Tür ihrer Tabak-Trafik.)*
RITTMEISTER *(grüßt.)*
10 VALERIE *(dankt.)*
RITTMEISTER: Dürft ich mal die Ziehungsliste?
VALERIE *(reicht sie ihm aus dem Ständer vor der Tür.)*
RITTMEISTER: Küss die Hand! *(Er vertieft sich in die Ziehungsliste und nun ist der Walzer aus.)*
15 ZAUBERKÖNIG *(begleitet die gnädige Frau aus der Puppenklinik.)*
DIE GNÄDIGE FRAU: Ich hatte hier schon mal Zinnsoldaten gekauft, voriges Jahr – aber damals ist das ein sehr höfliches Fräulein gewesen.
20 ZAUBERKÖNIG *(mürrisch)*: Möglich.
DIE GNÄDIGE FRAU: Das Fräulein Tochter?
ZAUBERKÖNIG: Ich habe keine Tochter! Ich hab noch nie eine Tochter gehabt!
DIE GNÄDIGE FRAU: Schad. Also Sie wollen mir die Schachtel
25 Zinnsoldaten nicht nachbestellen?
ZAUBERKÖNIG: Ich hab das Ihnen doch schon drinnen gesagt, dass mir diese Nachbestellerei viel zu viel Schreiberei macht – wegen einer einzigen Schachtel! Kaufen S' doch dem herzigen Bams[1] was Ähnliches! Vielleicht eine ge-
30 diegene Trompeten!
DIE GNÄDIGE FRAU: Nein! Adieu! *(Sie lässt ihn verärgert stehen und ab.)*
ZAUBERKÖNIG: Küss die Hand! Krepier! *(Ab in seine Puppenklinik.)*
35 VALERIE *(boshaft)*: Was haben wir denn wieder gewonnen, Herr Rittmeister?
ERICH: *(tritt aus der Tabak-Trafik und will rasch ab.)*
VALERIE: Halt! Was hast du da?

---

[1] derb für: Kleinkind

ERICH: Fünf Memphis[1].

VALERIE: Schon wieder? Raucht wie ein Erwachsener!

RITTMEISTER UND OSKAR *(horchen.)*

ERICH *(gedämpft)*: Wenn ich nicht rauche, kann ich nicht
5   arbeite. Wenn ich nicht arbeite, werde ich niemals
Referendar[2] – und wenn ich das nicht werde, dann werde ich wohl kaum jemals in die Lage kommen, meine
Schulden rückerstatten zu können.

VALERIE: Was für Schulden?

10   ERICH: Das weißt du! Ich bin korrekt, Madame.

VALERIE: Korrekt? Du willst mir schon wieder weh tun?

ERICH: Weh tun? Ehrensache! Ich zahle meine Schulden bis
auf den letzten Pfennig – und wenn ich hundert Jahr
zahlen müsste! Wir lassen uns nichts nachsagen, Ehren-
15   sache! Ich muss jetzt ins Kolleg[3]! *(Ab.)*

VALERIE *(starrt ihm nach.)*: Ehrensache. Bestie –

RITTMEISTER UND OSKAR: *(grinsen, jeder für sich.)*

RITTMEISTER *(revanchiert sich boshaft)*: Und wie geht's ansonsten, liebe Frau Valerie?

20   ERICH *(erscheint plötzlich wieder; zum Rittmeister)*: Sie
haben zuvor gegrinst? Herr!

VALERIE *(ängstlich)*: Kennen sich die Herren schon?

RITTMEISTER: Vom Sehen aus –

ERICH: Sie sind Österreicher? Fesch, aber feig!

25   VALERIE: Erich!

RITTMEISTER: Was hat er gesagt?

ERICH: Ich habe gesagt, dass die Österreicher im Krieg
schlappe Kerle waren, und wenn wir Preußen nicht
gewesen wären –

30   RITTMEISTER *(fällt ihm ins Wort)*: Dann hätten wir überhaupt keinen Krieg gehabt!

ERICH: Und Sarajevo[4] Und Bosnien-Herzegowina[5]?

---

[1]   Zigarettenmarke
[2]   Referendariat: mehrjähriger juristischer Vorbereitungsdienst zwischen dem ersten und dem zweiten Staatsexamen
[3]   Lehrveranstaltung an einer Universität
[4]   Ort der Ermordung des kaiserlichen Thronfolgers Franz Ferdinand
sowie seiner Gattin im Sommer 1914 durch einen serbischen Natio-
nalisten; die Tat provozierte den Ausbruch des Ersten Weltkriegs.
[5]   zwischen Österreich-Ungarn und dem Königreich Serbien umstrittenes
Gebiet; die Auseinandersetzungen führten zum Attentat von Sarajevo.

RITTMEISTER: Was wissen denn Sie schon vom Weltkrieg, Sie Grünschnabel?! Was Sie in der Schul gelernt haben und sonst nichts!

ERICH: Ist immer noch besser, als alten Jüdinnen das Bridgespiel beizubringen!

VALERIE: Erich!

RITTMEISTER: Ist immer noch besser, als sich von alten Trafikantinnen aushalten zu lassen!

VALERIE: Herr Rittmeister!

RITTMEISTER: Pardon! Das war jetzt ein Fauxpas[1]! Ein Lapsus linguae[2] – (Er küsst ihre Hand.) Bedauerlich, sehr bedauerlich. Aber dieser grüne[3] Mensch da hat in seinem ganzen Leben noch keine fünf Groschen selbständig verdient!

ERICH: Herr!

VALERIE: Nur kein Duell, um Gottes willen!

ERICH: Satisfaktionsfähig[4] wären Sie ja.

RITTMEISTER: Wollen Sie vors Ehrengericht?

VALERIE: Jesus Maria Josef!

ERICH: Ich lass mich doch nicht beleidigen!

RITTMEISTER: Mich kann man gar nicht beleidigen! Sie nicht!

VALERIE: Aber ich bitt euch! Nein, dieser Skandal – (Schluchzend ab in ihre Tabak-Trafik.)

RITTMEISTER: Ich lass mir doch von diesem Preußen keine solchen Sachen sagen. Wo waren denn Ihre Hohenzollern[5], als unsere Habsburger[6] schon römisch-deutsche Kaiser[7] waren?! Draußen im Wald!

ERICH: Jetzt ist es ganz aus. (Ab.)

RITTMEISTER (ruft ihm nach): Da haben S' zwanzig Groschen und lassen Sie sich mal den Schopf abschneiden, Sie Kakadu! (Er kehrt um und will leger nach links ab

---

[1] franz.: Taktlosigkeit
[2] lat.: Versprecher
[3] hier: unerfahrene
[4] berechtigt, zum Ehrenduell zu fordern
[5] preußisches Kaisergeschlecht
[6] österreichisches Kaisergeschlecht
[7] Kaiser des Heiligen Römischen Reiches deutscher Nation

– hält aber nochmals vor der Fleischhauerei; zu Os-
kar.) Apropos, was ich noch hab sagen wollen: Sie
schlachten doch heut noch die Sau?

OSKAR: Ich hab's vor, Herr Rittmeister.

5 RITTMEISTER: Geh, reservieren S' für mich ein schönes Stückerl Nieren –

OSKAR: Aber gern, Herr Rittmeister!

RITTMEISTER: Küss die Hand! *(Ab nach links – und nun*
spielt die Realschülerin im zweiten Stock wieder, und
10   *zwar den Walzer „Über den Wellen".)*

ALFRED *(kommt langsam von links.)*

OSKAR: *(wollte zurück in seine Fleischhauerei, erblickt*
nun aber Alfred, der ihn nicht bemerkt, und beobach-
tet ihn heimlich.)

15 ALFRED: *(hält vor der Puppenklinik und macht in Erin-*
nerung – dann stellt er sich vor die offene Tür der
Tabak-Trafik und starrt hinein.)
(Pause.)

ALFRED: *(grüßt.)*
20   *(Pause.)*

VALERIE *(erscheint langsam in der Tür – und der Walzer*
bricht wieder ab, wieder mitten im Takt.)
(Stille.)

ALFRED: Könnt ich fünf Memphis haben?

25 VALERIE: Nein.
(Stille.)

ALFRED: Das ist aber doch hier eine Tabak-Trafik –
oder?

VALERIE: Nein.

30   *(Stille.)*

ALFRED: Ich komm jetzt hier nur so vorbei, per Zufall –

VALERIE: Ach!

ALFRED: Ja.
(Stille.)

35 VALERIE: Und wie geht es dem Herrn Baron?

ALFRED: So lala.

VALERIE: Und dem Fräulein Braut?

ALFRED: Auch lala.

VALERIE: Ach!

40   *(Stille.)*

ALFRED: Und dir geht's unberufen?[1]

VALERIE: Man hat, was man braucht.

ALFRED: Alles?

VALERIE: Alles. Er ist Jurist.

5 ALFRED: Und so was wird mal Advokat.

VALERIE: Bitte?

ALFRED: Ich gratulier.

   (Stille.)

VALERIE: Wo steckt denn die arme Mariann?

10 ALFRED: Ich werd sie wohl aus den Augen verlieren –

   (Stille.)

VALERIE: Also du bist schon ein grandioser Schuft, das muss dir dein größter Feind lassen.

ALFRED: Valerie. Wer unter euch ohne Sünden ist, der werfe

15 den ersten Stein auf mich.[2]

VALERIE: Bist du krank?

ALFRED: Nein. Nur müd. Und gehetzt. Man ist ja nicht mehr der Jüngste.

VALERIE: Seit wann denn?

20 ALFRED: Ich fahr noch heut abend nach Frankreich. Nach Nancy. Ich denk nämlich, dass ich dort vielleicht was Passenderes für mich bekommen werd, in der Speditionsbranche – hier müsst ich heut nämlich zu sehr unter mein Niveau herunter.

25 VALERIE: Und was machen denn die Pferdchen?

ALFRED: Keine Ahnung! Und dann fehlt mir auch das Kapital –

   (Stille.)

VALERIE: Wenn ich Zeit hab, werd ich dich bedauern.

30 ALFRED: Möchtst, dass es mir schlecht geht?

VALERIE: Geht's dir denn rosig?

ALFRED: Möchtst das hören?

   (Stille.)

ALFRED: Ich bin jetzt hier nur so vorbeigegangen, per Zufall

35 – so aus einer wehmütigen Melancholie heraus – an die Stätten der Vergangenheit – *(Ab – und nun wird der Walzer „Über den Wellen" wieder weitergespielt.)*

---

[1] bei dir ist alles klar?

[2] Zitat aus dem Johannesevangelium **8, 7**

VALERIE *(erblickt Oskar)*: Herr Oskar! Jetzt raten S' doch mal, mit wem ich grad dischkuriert[1] hab?

OSKAR: Ich hab ihn gesehen.

VALERIE: So? Es geht ihnen schlecht.

5 OSKAR: Ich hab alles gehört.

(Pause.)

VALERIE: Noch ist er stolz wie ein Spanier –

OSKAR: Hochmut kommt vor dem Fall. – Arme Mariann –

VALERIE: Mir scheint gar, Sie sind imstand und heiraten

10 noch die Mariann, jetzt nachdem sie wieder frei ist –

OSKAR: Wenn sie das Kind nicht hätt –

VALERIE: Wenn mir jemand das angetan hätt –

OSKAR: Ich hab sie noch immer lieb – vielleicht stirbt das Kind –

15 VALERIE: Herr Oskar!

OSKAR: Wer weiß! Gottes Mühlen mahlen langsam, mahlen aber furchtbar klein. Ich werd an meine Mariann denken – ich nehme jedes Leid auf mich, wen Gott liebt, den prüft er. – Den straft er. Den züchtigt er. Auf glühendem

20 Rost, in kochendem Blei –

VALERIE *(schreit ihn an)*: Hören S' auf, seien S' so gut!

OSKAR: *(lächelt.)*

HAVLITSCHEK *(kommt aus der Fleischhauerei)*: Also was ist jetzt? Soll ich jetzt die Sau abstechen oder nicht?

25 OSKAR: Nein, Havlitschek. Ich werd sie jetzt schon selber abstechen, die Sau –

(Jetzt läuten die Glocken.)

VII Im Stephansdom

Vor dem Seitenaltar des heiligen Antonius. Marianne
30 *beichtet. Die Glocken verstummen und es ist sehr still auf der Welt.*

BEICHTVATER: Also rekapitulieren[2] wir: Du hast deinem armen alten Vater, der dich über alles liebt und der doch immer

---

[1] südd.: debattiert

[2] wiederholen

nur dein Bestes wollte, schmerzlichstes Leid zugefügt,
Kummer und Sorgen, warst ungehorsam und undankbar
– hast deinen braven Bräutigam verlassen und hast dich
an ein verkommenes Subjekt geklammert, getrieben von
5 deiner Fleischeslust – still! Das kennen wir schon! Und
so lebst du mit jenem erbärmlichen Individuum ohne das
heilige Sakrament der Ehe schon über das Jahr, und in
diesem grauenhaften Zustand der Todsünde hast du dein
Kind empfangen und geboren – wann?

10 MARIANNE: Vor acht Wochen.

BEICHTVATER: Und du hast dieses Kind der Schande und der
Sünde nicht einmal taufen lassen. – Sag selbst: Kann
denn bei all dem etwas Gutes herauskommen? Nie und
nimmer! Doch nicht genug! Du bist nicht zurückge-
15 schreckt und hast es sogar in deinem Mutterleib töten
wollen –

MARIANNE: Nein, das war er! Nur ihm zulieb hab ich mich
dieser Prozedur unterzogen!

BEICHTVATER: Nur ihm zulieb?

20 MARIANNE: Er wollte doch keine Nachkommen haben, weil
die Zeiten immer schlechter werden, und zwar voraus-
sichtlich unabsehbar – aber ich – nein, das brennt mir
in der Seele, dass ich es hab abtreiben wollen, ein jedes
Mal, wenn es mich anschaut –

25 *(Stille.)*

BEICHTVATER: Ist das Kind bei euch?

MARIANNE: Nein.

BEICHTVATER: Sondern?

MARIANNE: Bei Verwandten. Draußen in der Wachau.

30 BEICHTVATER: Sind das gottesfürchtige Leut?

MARIANNE: Gewiss.

(Stille.)

BEICHTVATER: Du bereust es also, dass du es hast töten
wollen?

35 MARIANNE: Ja.

BEICHTVATER: Und auch, dass du mit jenem entmenschten
Subjekt in wilder Ehe zusammenlebst?

(Stille.)

MARIANNE: Ich dachte mal, ich hätte den Mann gefunden,
40 der mich ganz und gar ausfüllt. –

BEICHTVATER: Bereust du es?
(Stille.)
MARIANNE: Ja.
BEICHTVATER: Und dass du dein Kind im Zustand der Tod-
5   sünde empfangen und geboren hast – bereust du das?
(Stille.)
MARIANNE: Nein. Das kann man doch nicht –
BEICHTVATER: Was sprichst du da?
MARIANNE: Es ist doch immerhin mein Kind –
10 BEICHTVATER: Aber du –
MARIANNE *(unterbricht ihn)*: Nein, das tu ich nicht. – Nein,
    davor hab ich direkt Angst, dass ich es bereuen könnt. –
    Nein, ich bin sogar glücklich, dass ich es hab, sehr
    glücklich –
15 *(Stille.)*
BEICHTVATER: Wenn du nicht bereuen kannst, was willst du
    dann von deinem Herrgott?
MARIANNE: Ich dachte, mein Herrgott wird mir vielleicht
    etwas sagen –
20 BEICHTVATER: Du kommst also nur dann zu Ihm, wenn es dir
    schlecht geht?
MARIANNE: Wenn es mir gut geht, dann ist Er ja bei mir –
    aber nein, das kann Er doch nicht von mir verlangen,
    dass ich das bereu – das wär ja wider jede Natur –
25 BEICHTVATER: So geh! Und komme erst mit dir ins Reine,
    ehe du vor unseren Herrgott trittst. – *(Er schlägt das
    Zeichen des Kreuzes.)*
MARIANNE: Dann verzeihen Sie. – *(Sie erhebt sich aus dem
    Beichtstuhl, der sich nun auch in der Finsternis auf-*
30 *löst – und nun hört man das Gemurmel einer Lita-*
    nei[1]; allmählich kann man die Stimme des Vorbeters
    von den Stimmen der Gemeinde unterscheiden; Ma-
    rianne lauscht – die Litanei endet mit einem Vater-
    unser; Marianne bewegt die Lippen.
35 *Stille.)*
MARIANNE: Amen.
    (Stille.)

---

[1] Fürbittgebet

MARIANNE: Wenn es einen lieben Gott gibt – was hast du mit mir vor, lieber Gott? – Lieber Gott, ich bin im achten Bezirk geboren und hab die Bürgerschul[1] besucht, ich bin kein schlechter Mensch – hörst du mich? – Was hast du mit mir vor, lieber Gott? –
(Stille.)

Ende des zweiten Teiles

---

[1] veraltet für: Hauptschule

Dritter Teil

I Beim Heurigen[1]

Mit Schrammelmusik[2] und Blütenregen. Große weinselige Stimmung – und mittendrunterdrin der Zauberkönig, Valerie und Erich.

ALLES *(singt):*
Da draußen in der Wachau
Die Donau fließt so blau,
Steht einsam ein Winzerhaus,
Da schaut ein Mädel heraus.
Hat Lippen rot wie Blut,
Und küssen kann's so gut,
Die Augen sind veilchenblau
Vom Mädel in der Wachau.

Es wird ein Wein sein,
Und wir werden nimmer sein.
Es wird schöne Madeln geben,
Und wir werden nimmer leben –

Jetzt wird's einen Augenblick totenstill beim Heurigen – aber dann singt wieder alles mit verdreifachter Kraft.

Drum gehn wir gern nach Nussdorf[3] naus,
Da gibts a Hetz[4], a Gstanz[5],
Da hörn wir ferne Tanz,
Da lass ma fesche[6] Jodler naus
Und gengan in der Fruah[7]

---

1 Schenke für jungen („heurigen") Wein
2 Wiener Volksmusik
3 Vorort von Wien
4 österr.: Gaudi
5 südd.: eigentlich „Gstanzl", volkstümliches Spottlied
6 südd.: flotte
7 österr.: Frühe

Mitn Schwomma[1] zhaus[2], mitn Schwomma zhaus!
(Begeisterung; Applaus; zwischen den Tischen wird ge-
tanzt, und zwar auf den Radetzkymarsch[3]. – Alles ist nun
schon ziemlich benebelt.)

5 ZAUBERKÖNIG: Bravo, bravissimo! Heut bin ich wieder der
Alte! Da capo, da capo! *(Er greift einem vorübertan-*
zenden Mädchen auf die Brüste.)

DER KAVALIER DES MÄDCHENS *(schlägt ihm auf die Hand.)*:
Hand von der Putten![4]

10 DAS MÄDCHEN: Das sind doch meine Putten!

ZAUBERKÖNIG: Putten her, Putten hin! Ein jeder Erwachsene
hat seine Sorgen, und heut möcht ich alles vergessen!
Heut kann mich die ganze Welt!

ERICH: Mal herhören, Leute! Ich gestatte mir hiermit auf
15 den famosen Wiener Heurigen ein ganz exorbitantes
Heil – *(Er verschüttet seinen Wein.)*

VALERIE: Nicht so stürmisch, junger Mann! Meiner Seel, jetzt
hat er mich ganz bespritzt!

ERICH: Aber das kann doch vorkommen! Ehrensache!

20 ZAUBERKÖNIG: Hat er dich nassgemacht? Armes Waserl[5]!

VALERIE: Durch und durch – bis auf die Haut.

ZAUBERKÖNIG: Bis auf deine Haut –

VALERIE: Bist du a schon narrisch?

ERICH: Stillgestanden! *(Er knallt die Hacken zusammen*
25 *und steht still.)*

ZAUBERKÖNIG: Was hat er denn?

VALERIE: Das bin ich schon gewöhnt. Wenn er sich besoffen
hat, dann kommandiert er sich immer selber.

ZAUBERKÖNIG: Wie lang dass der so still stehen kann. –
30 Stramm! Sehr stramm! Respekt! Es geht wieder aufwärts
mit uns! *(Er fällt unter den Tisch.)*

VALERIE: Jesus Maria!

ZAUBERKÖNIG: Der Stuhl ist zerbrochen – einen anderen
Stuhl, Herr Ober! He, einen anderen Stuhl!! *(Er singt*

---

[1] österr.: Schwips
[2] österr.: nach Hause
[3] Musikstück von Johann Strauß Vater (1804–1849)
[4] hier: Brüste
[5] österr.: hilfloser Mensch

mit der Musik.) Ach, ich hab sie ja nur auf die Schulter geküsst – und schon hab ich den Patsch verspürt mit dem Fächer ins Gesicht –

DER OBER *(bringt nun eine Riesenportion Salami.)*

5 VALERIE: Salami, Erich! Salami!

ERICH: Division! Rührt euch! *(Er langt mit der Hand in die Schüssel und frisst exorbitant.)*

ZAUBERKÖNIG: Wie der frisst!

VALERIE: Gesegnete Mahlzeit!

10 ZAUBERKÖNIG: Friss nicht so gierig!

VALERIE: Er zahlt's ja nicht!

ZAUBERKÖNIG: Und singen kann er auch nicht!

(Pause.)

VALERIE *(zu Erich)*: Warum singst du eigentlich nicht?

ERICH *(mit vollem Munde)*: Weil ich doch an meinem chro-
15 nischen Rachenkatarrh leide!

VALERIE: Das kommt vom vielen Rauchen!

ERICH *(brüllt sie an)*: Schon wieder?!

RITTMEISTER *(taucht auf; mit einem Papierhütchen und in gehobener Stimmung)*: Küss die Hand, schöne Frau
20 Valerie! A, das ist aber ein angenehmer Zufall! Habe die Ehre, Herr Zauberkönig!

ZAUBERKÖNIG: Prost, Herr Rittmeister! Prost, lieber Herr von Rittmeister. – *(Er leert sein Glas und verfällt in weh-mütigen Stumpfsinn.)*

25 VALERIE: Darf ich Ihnen etwas von meiner Salami, Herr Rittmeister?

ERICH *(bleibt der Brocken im Munde stecken; er fixiert gehässig den Rittmeister.)*

RITTMEISTER: Zu gütig, küss die Hand! Danke nein, ich
30 kann unmöglich mehr – *(Er steckt sich zwei dicke Scheiben in den Mund.)* Ich hab heut nämlich schon zweimal genachtmahlt, weil ich Besuch hab – ich sitz dort hinten in der Gesellschaft. Ein Jugendfreund meines in Sibirien vermissten Bruders – ein Amerika-
35 ner.

VALERIE: Also ein Mister!

RITTMEISTER: Aber ein geborener Wiener! Zwanzig Jahr war der jetzt drüben in den Staaten, nun ist er zum ersten Mal wieder auf unserem Kontinent. Wie wir heut vor-

mittag durch die Hofburg[1] gefahren sind, da sind ihm
die Tränen in den Augen gestanden. – Er ist ein Self-
mademan[2]. Selbst ist der Mann!

VALERIE: Oh, Sie Schlimmer!

5 RITTMEISTER: Ja. Und jetzt zeig ich ihm sein Wien – schon
den zweiten Tag – wir kommen aus dem Schwips schon
gar nicht mehr raus –

VALERIE: Stille Wasser sind tief.

RITTMEISTER: Nicht nur in Amerika.

10 ERICH *(scharf)*: Tatsächlich?

(Pause.)

VALERIE *(nähert sich Erich.)*: Dass du parierst[3] – und halt's
Maul, sonst schmier ich dir eine. – Wenn du schon meine Salami frisst, dann kannst du mir auch entgegenkom-

15 men –

ERICH: Diese Randbemerkung ehrt Ihre niedrige Gesin-
nung, Gnädigste!

VALERIE: Bleib!

ERICH: Stillgestanden! Division –

20 VALERIE: Halt!

ERICH: Division – marsch! *(Ab.)*

VALERIE *(ruft ihm nach)*: Herstellt euch! Herstellt euch!

(Totenstille.)

RITTMEISTER: Wer ist denn das überhaupt?

25 VALERIE *(tonlos)*: Das ist eine ganze Division. Ich werd ihn
wohl bald ganz lassen – ich seh's schon direkt wieder
kommen – und dann ist er mit dem dort – *(sie deutet
auf den Zauberkönig)* – entfernt verwandt –

(Jetzt gibts wieder Musik.)

30 RITTMEISTER: Apropos verwandt. – Sagen S' mal, Frau Valerie, finden Sie das für in Ordnung, wie Seine Majestät
der Herr Zauberkönig das Fräulein Mariann behandelt
– ich versteh so was nicht. Wenn ich Großpapa wär –
und abgesehen davon, ma kann doch leicht straucheln.

35 Aber dann direkt verkommen lassen –

VALERIE: Wissen Sie was Näheres, Herr Rittmeister?

---

[1] Kaiserschloss in Wien
[2] Mensch, der seine Karriere der eigenen Leistung verdankt
[3] gehorchst

RITTMEISTER: Ich hab mal eine Frau Oberst gehabt, das
heißt: Das ganze Regiment hat sie gehabt – was sag ich
da?! Sie war die Frau unseres Obersten – und der Oberst
hatte ein uneheliches Kind mit einer vom Varieté[1], aber
5   die Frau Oberst hat es in ihr Haus genommen, als wär's
ihr eigen Fleisch und Blut, weil sie halt unfruchtbar war.
– Aber wenn man daneben dieses zauberkönigliche Verhalten dort drüben betrachtet – na Servus!
VALERIE: Ich versteh Sie nicht, Herr Rittmeister. Was hat
10   denn die Frau Oberst mit der Mariann zu tun?
RITTMEISTER: Wir verstehen uns alle nicht mehr, liebe Frau
Valerie! Oft verstehen wir uns schon selber nicht
mehr.
VALERIE: Wo steckt denn die Mariann?
15 RITTMEISTER *(lächelt geheimnisvoll.)*: Das wird man schon
noch mal offiziell bekanntgeben – im geeigneten Moment.
DER MISTER *(erscheint; er ist besoffen.)*: Oh lieber guter
Freund – was seh ich da? Gesellschaft? Freunde? Stell
20   mich vor, bitte. – Du lieber guter Freund. – *(Er umarmt
den Rittmeister.)*
ZAUBERKÖNIG *(erwacht aus seinem Stumpfsinn)*: Wer ist
denn das?
RITTMEISTER: Das ist mein lieber Mister aus Amerika!
25 DER MISTER: Amerika! New York! Chicago und Sing-Sing[2]!
– Äußerlich ja, aber da drinnen klopft noch das alte
biedere treue goldene Wiener Herz, das ewige Wien –
und die Wachau – und die Burgen an der blauen Donau.
– *(Er summt mit der Musik.)* Donau so blau, so blau,
30   so blau –
ALLE *(summen mit und wiegen sich auf den Sitzgelegenheiten.)*
DER MISTER: Meine Herrschaften, es hat sich vieles verän-
dert in der letzten Zeit, Stürme und Windhosen sind über
35   die Erde gebraust, Erdbeben und Tornados, und ich hab
ganz von unten anfangen müssen, aber hier bin ich
zhaus, hier kenn ich mich aus, hier gefällt es mir, hier

---

[1] buntes Unterhaltungstheater
[2] New Yorker Staatsgefängnis

möcht ich sterben! Oh du mein lieber altösterreichischer
Herrgott aus Mariazell!
(Er singt.)
Mein Muatterl war a Wienerin,
5 Drum hab ich Wien so gern.
Sie war's, die mit dem Leben mir
Die Liebe hat gegeben
Zu meinem anzigen[1] goldenen Wean[2]!
ALLES *(singt)*:
10 Wien, Wien, nur du allein
Sollst stets die Stadt meiner Träume sein,
Dort, wo ich glücklich und selig bin,
Ist Wien, ist Wien, mein Wien!
DER MISTER: Wien soll leben! Die Heimat! Und die schönen
15 Wiener Frauen! Und der Heimatgedanke! Und wir Wie-
ner sollen leben – alle, alle!
ALLE: Hoch! Hoch! Hoch!
(Allgemeines Saufen.)
ZAUBERKÖNIG *(zu Valerie)*: Und die schönen Wiener Frauen,
20 du stattliche Person – dich hätt ich heiraten sollen, mit
dir hätt ich ein ganz ein anderes Kind gekriegt –
VALERIE: Red nicht immer von Irene! Ich hab sie nie ausste-
hen können!
DER MISTER: Wer ist Irene?
25 ZAUBERKÖNIG: Irene war meine Frau.
DER MISTER: Oh, Pardon!
ZAUBERKÖNIG: Oh, bitte – und warum soll ich denn nicht auf
die Iren schimpfen? Bloß weil sie schon tot ist? Mir hat
sie das ganze Leben verpatzt!
30 VALERIE: Du bist ein dämonischer Mensch!
ZAUBERKÖNIG *(singt)*:
Mir ist mei Alte gstorbn,
Drum ist mirs Herz so schwer.
A so a gute Seel
35 Krieg ich nöt[3] mehr,

---

[1] österr.: einzigen
[2] österr.: Wien
[3] österr.: nicht

Muss so viel wana[1],
Das glaubt mir kana[2],
Dass ich mich kränk,
Wenn ich an mei Alte denk! Hallo!

5 DER MISTER *(schnellt empor)*: Hallo! Hallo! Wenn mich
nicht alles täuscht, so fängt es jetzt an zu regnen! Aber
wir lassen uns vom Wetter nichts dreinreden! Heut wird
noch gebummelt und wenn's Schusterbuben regnen
sollte[3]! Wir lassen und lassen uns das nicht gefallen! *(Er*
10 *droht mit dem Zeigefinger nach dem Himmel.)* Oh du
regnerischer Himmelvater du! Darf ich euch alle einla-
den? Alle, alle!!

ALLE: Bravo, bravo!

DER MISTER: Also auf! Vorwärts! Mir nach!

15 VALERIE: Wohin?

DER MISTER: Irgendwohin! Wo wir einen Plafond[4] über uns
haben! Wo wir nicht so direkt unterm Himmel sitzen!
Ins Moulin-bleu[5]!
(Starker Applaus.)

20 RITTMEISTER: Halt! Nicht ins Moulin-bleu, liebe Leutl! Dann
schon eher ins Maxim[6]!
(Und wieder wird es einen Augenblick totenstill.)

ZAUBERKÖNIG: Warum denn ins Maxim?

RITTMEISTER: Weil es dort ganz besondere Überraschungen
25 geben wird.

ZAUBERKÖNIG: Was für Überraschungen?

RITTMEISTER: Pikante. Sehr pikante –
(Stille.)

ZAUBERKÖNIG: Also auf ins Maxim!

30 ALLE: Ins Maxim! *(Sie marschieren mit aufgespannten
Regenschirmen und singen.)*
Vindobona[7], du herrliche Stadt,

---

[1]   österr.: weinen

[2]   österr.: keiner

[3]   südd.: auch wenn es äußerst heftig regnen sollte

[4]   Zimmerdecke

[5]   fiktives Tanzlokal, offenbar Anspielung auf das Pariser „Moulin Rouge"

[6]   spielt wohl an auf die Operettenmelodie „Da geh ich zu Maxim" aus
der „Lustigen Witwe" von Franz Léhar (1870–1948)

[7]   lat. Name für Wien

Die so reizende Anlagen hat,
Dir gehört stets nur unser Sinn.
Ja zu dir, da ziagt's[1] uns hin,
San ma a von dir oft fern,
Denkn ma do ans liebe Wean,
Denn du bleibst die Perle von Österreich,
Dir ist gar ka Stadt net gleich!

Die Mizzi und der Jean[2]
Gehn miteinander drahn[3],
Wir sind ja nicht aus Stroh,
Sind jung und lebensfroh,
Net immer Schokoladi,
Heut gehen wir zum „Brady"[4]
Oder zum „Maxim"
Heut sind wir einmal schlimm!

Jetzt trink ma noch a Flascherl Wein,
Hollodero!
Es muss ja nöt das letzte sein
Hollodero!
Und ist das gar, gibt's ka Geniern,
Hollodero!
So tun wir noch
mal repetiern, aber
noch mal repetiern!

*(Gong. – Die Bühne verwandelt sich nun ins „Maxim"
– mit einer Bar und Separées[5]; im Hintergrunde eine
Kabarettbühne mit breiter Rampe. – Alles schließt die
Regenschirme und nimmt nun Platz an den Tischen, und
zwar in aufgeräumtester Stimmung.)*

DER CONFERENCIER *(tritt vor den Vorhang.)*: Meine Sehrverehrten! Meine Herrschaften! Entzückende Damen und
noch entzückendere Herren!

---

[1] österr.: zieht es
[2] wohl Zeile aus einem damals populären Lied
[3] österr.: um die Häuser ziehen
[4] Nachtlokal in Wien
[5] abgetrennte Nebenräume eines Lokals

VALERIE: Oho!

(Gelächter.)

DER CONFERENCIER: Ich begrüße Sie auf das Allerherzlichste
im Namen meiner Direktion! Schon Johann Wolfgang
5   von Goethe, der Dichterfürst, sagt in seinem Meister-
werk, unserem unsterblichen „Faust": Was du ererbt
von deinen Vätern hast, erwirb es, um es zu besitzen!
In diesem Sinne, meine Sehrverehrten: Nummer auf
Nummer! Das ist Tradition, meine Sehrverehrten! Und
10   nun bitte, treten Sie ein mit uns in den Himmel der
Erinnerung! –

(Und nun erklingt der Walzer „Wiener Blut" von Jo-
hann Strauß, der Vorhang hebt sich, und einige Mäd-
chen in Alt-Wienertracht tanzen den Walzer – dann
15   *fällt wieder der Vorhang; rasende Begeisterung im*
Publikum, und die Musik spielt nun den Hoch- und
Deutschmeistermarsch.)

ZAUBERKÖNIG *(zum Rittmeister)*: Aber was reden S' denn
da, Herr? Also das steht doch schon felsenfest, dass wir
20   Menschen mit der Tierwelt verwandt sind!

RITTMEISTER: Das ist Auffassungssache!

ZAUBERKÖNIG: Oder glauben S' denn gar noch an Adam und
Eva?

RITTMEISTER: Wer weiß!

25 DER MISTER *(zu Valerie)*: Du Wildkatz!

ZAUBERKÖNIG: Wildkatz! Oder gar ein Leopard!

VALERIE: Prost Zauberkönig!

ZAUBERKÖNIG: Der Herr Rittmeister sind ein Fabelwesen,
und du hast was von einem Känguru an dir, und der
30   Mister ist ein japanischer Affenpintscher[1]!

DER MISTER *(lacht keineswegs.)*: Fabelhafter Witz, fabelhafter Witz!

ZAUBERKÖNIG: Na und ich?!

VALERIE: Ein Hirsch! Ein alter Hirsch! Prost, alter Hirsch!

35   *(Brüllendes Gelächter – nun klingelt das Tischtele-*
fon.
Stille.)

---

[1]   kleine Hunderasse, deren Gesicht an das eines Affen erinnert

ZAUBERKÖNIG *(am Apparat)*: Ja hallo! – Wie? Wer spricht? Mausi? – Mausi kenn ich nicht, wie? – Ach so! Jaja, das bin ich schon, ich bin schon dein Onkel. – Was soll ich? A du Schweinderl, du herziges! – Wo? An der Bar? Im grünen
5 Kleid? – Was? Du bist noch eine Jungfrau? Und das soll dir dein Onkel glauben? Na ich werd das mal nachkontrollieren. – Bussi, Bussi! – *(Er hängt ein und leert sein Glas Schampus, den der Mister hat auffahren lassen.)*

VALERIE: Trink nicht so viel, Leopold!

10 ZAUBERKÖNIG: Du kannst mir jetzt auf den Hut steigen! *(Er erhebt sich.)* Für uns alte Leut ist ja der Alkohol noch die einzige Lebensfreud! Wo ist die Bar?

VALERIE: Was für eine Bar?

ZAUBERKÖNIG: Wo ist die Bar, Kruzitürken?!

15 RITTMEISTER: Ich werd Sie hinführen –

ZAUBERKÖNIG: Ich find schon selber hin – ich brauch keinen Kerzenhalter! Kommen S', führen S' mich! *(Er lässt sich vom Rittmeister an die Bar führen, wo ihn bereits zwei Mädchen erwarten – die eine im grünen
20 Kleid nimmt ihn gleich herzlichst in Empfang; auch der Rittmeister bleibt an der Bar.)*

DER MISTER *(zu Valerie)*: Was ist der Herr eigentlich?

VALERIE: Ein Zauberkönig.

DER MISTER: Ach!

25 VALERIE: Ja. Sonst ist er ja ein seltener Mensch, bescheiden und anständig, der echte Bürger vom alten Schlag. – Diese Sorte stirbt nämlich aus.

DER MISTER: Leider!

VALERIE: Heut ist er ja leider besoffen –

30 DER MISTER: Wie Sie das wieder sagen! Was für ein Charme! Bei uns in Amerika ist halt alles brutaler.

VALERIE: Was wiegen Sie?

DER MISTER: Zweihundertachtzehn Pfund.

VALERIE: Oh Gott!

35 DER MISTER: Darf ich ganz offen sein?

VALERIE: Man bittet darum.

DER MISTER: Ich bin kompliziert.

VALERIE: Wieso?

DER MISTER: Ich bin nämlich innerlich tot. Ich kann halt nur
40 mehr mit den Prostituierten was anfangen – das kommt

von den vielen Enttäuschungen, die ich schon hinter mir
hab.

VALERIE: Jetzt so was. Eine so zarte Seele in so einem
mächtigen Körper –

5 DER MISTER: Ich habe den Saturn[1] als Planeten.

VALERIE: Ja, diese Planeten! Da hängt man damit zusammen
und kann gar nichts dafür!

(Gong.)

DER CONFERENCIER *(tritt vor den Vorhang.)*: Meine Sehrver-
10 ehrten! Und abermals gibt's eine herrliche Nummer!
Was soll ich viele Worte machen, urteilen Sie selbst über
unsere sensationellen, von ersten Künstlern entwor-
fenen, hochkünstlerischen lebendigen Aktplastiken. Als
erstes: Donaunixen! Darf ich bitten, Herr Kapellmeis-
15 ter!

*(Die Kapelle spielt nun den Walzer „An der schönen
blauen Donau", und es wird stockfinster im Zuschauerraum; dann teilt sich der Vorhang, und man sieht
drei halbnackte Mädchen, deren Beine in Schwanz-
20 flossen stecken. – Eine hält eine Leier in der Hand
– alle sind malerisch gruppiert vor einem schwarzen
Vorhang im grünen Scheinwerferlicht: von der Bar
her hört man des Zauberkönigs Stimme: „Nackete
Weiber, sehr richtig!" – Der Vorhang schließt sich,
25 starker Applaus.
Gong.)*

DER CONFERENCIER *(erscheint wieder vor dem Vorhang.)*:
Das zweite Bild: unser Zeppelin[2]!

(Bravorufe.)

30 DER CONFERENCIER: Darf ich bitten, Herr Kapellmeister!

*(Und nun ertönt der „Fridericus rex"[3] – und auf der
Bühne stehen drei nackte Mädchen – die erste hält
einen Propeller in den Händen, die zweite einen Globus und die dritte einen kleinen Zeppelin – das Pu-
35 blikum rast vor Beifall, schnell von den Sitzen in die*

---

[1]   in der Astrologie oft Vorausdeuter von Unglück
[2]   Luftschiff zur Personenbeförderung, benannt nach seinem Erfinder
Ferdinand Graf von Zeppelin (1838–1917)
[3]   Soldatenlied

Höhe und singt die erste Strophe des Deutschland-
liedes, worauf es sich wieder beruhigt.
Gong.)

DER CONFERENCIER *(wieder vor dem Vorhang)*: Und nun,
5   meine Sehrverehrten, das dritte Bild: „Die Jagd nach
dem Glück."
(Totenstille.)

DER CONFERENCIER: Darf ich bitten, Herr Kapellmeister –
(Die „Träumerei" von Schumann[1] erklingt und der
10   *Vorhang teilt sich zum dritten Male – eine Gruppe*
nackter Mädchen, die sich gegenseitig niedertreten,
versucht einer goldenen Kugel nachzurennen, auf
welcher das Glück auf einem Bein steht – das Glück
ist ebenfalls unbekleidet und heißt Marianne.)

15 VALERIE *(schreit gellend auf im finsteren Zuschauer-*
raum): Marianne! Jesus Maria Josef! Marianne!!

MARIANNE: *(erschrickt auf ihrer Kugel, zittert, kann das*
Gleichgewicht nicht mehr halten, muss herab und
starrt, geblendet vom Scheinwerfer, in den dunklen
20   *Zuschauerraum.)*

DER MISTER: Was denn los?!

VALERIE *(außer sich)*: Marianne, Marianne, Marianne!!

DER MISTER *(wird wütend)* Brüll nicht! Bist denn plem-
plem?!

25 VALERIE: Marianne!

DER MISTER: Kusch! Da hast du deine Marianne! *(Er boxt*
ihr in die Brust.)

VALERIE *(schreit.*

Große Unruhe im Publikum; Rufe: „Licht! Licht!")

DER CONFERENCIER *(stürzt auf die Bühne)*: Vorhang! Was
30   ist denn los?! Licht! Vorhang! Licht!

(Der Vorhang fällt vor der starr in den Zuschauer-
raum glotzenden Marianne, die übrigen Mädchen
sind bereits unruhig ab – und nun wird es Licht im
Zuschauerraum und wieder für einen Augenblick to-
tenstill. Alles starrt auf Valerie, die mit dem Gesicht
35   *auf dem Tisch liegt, hysterisch und besoffen, weint*
und schluchzt.)

---

[1]   Robert Schumann, deutscher Komponist (1810–1856)

ZAUBERKÖNIG: *(steht an der Bar und hält die Hand auf sein Herz.)*

VALERIE *(wimmert)*: Die Mariann – die Mariann – die liebe kleine Mariann – oh, oh, oh – ich hab sie ja schon ge-
5   kannt, wie sie noch fünf Jahre alt war, meine Herren!

DER CONFERENCIER: Von wem redet sie da?

DER MISTER: Keine Ahnung!

DER CONFERENCIER: Hysterisch?

DER MISTER: Epileptisch[1]!

10 EINE GEMÜTLICHE STIMME: So werft's es doch naus, die besoffene Bestie!

VALERIE: Ich bin nicht besoffen, meine Herren! Ich bin das nicht – nein, nein, nein! *(Sie schnellt empor und will hinauslaufen, stolpert aber über ihre eigenen Füße,*
15   *stürzt und reißt einen Tisch um – jetzt hat sie sich blutig geschlagen.)* Nein, das halt ich nicht aus, ich bin doch nicht aus Holz, ich bin doch noch lebensfroh, meine Herren – das halt ich nicht aus, das halt ich nicht aus!

20   *(Sie rast brüllend nach Haus.)*

ALLE: *(außer dem Zauberkönig, sehen ihr perplex[2] nach.*
    Stille, dann: Gong.)

DER CONFERENCIER *(springt auf einen Stuhl.)*: Meine Sehr-
25   verehrten! Damen und Herren! Das war nun der Schluss unseres offiziellen Programms – und nun beginnt in der Bar der inoffizielle Teil! *(Man hört aus der Bar die Tanzmusik.)* Im Namen meiner Direktion danke ich Ihnen für den zahlreichen Besuch und wünsche Ihnen eine
30   recht gute Nacht! Auf Wiedersehen, meine Herrschaften!

DIE HERRSCHAFTEN: *(räumen allmählich das Lokal.)*

ZAUBERKÖNIG: Herr Rittmeister –

RITTMEISTER: Bitte?

35 ZAUBERKÖNIG: Also deshalb wollten Sie nicht ins Moulinbleu, sondern hier. – Das waren also Ihre bewussten pikanten Überraschungen, ich hab gleich so eine komische Aver-

---

[1] an plötzlichen, starken Krampfattacken leidend
[2] verblüfft

sion[1] gehabt – so eine Ahnung, dass mir nichts Gutes
bevorsteht –

RITTMEISTER: Ich wusste es, dass das Fräulein Mariann hier
auftritt – ich war nämlich schon öfters da – erst gestern
5 wieder – und ich kann es halt nicht mehr länger mitan-
sehen! Ihr steinernes Herz –

ZAUBERKÖNIG: Mischen Sie sich nicht in wildfremde Famili-
enangelegenheiten, Sie Soldat!!

RITTMEISTER: Meine menschliche Pflicht –

10 ZAUBERKÖNIG (unterbricht ihn): Was ist das?

RITTMEISTER: Sie sind kein Mensch!

ZAUBERKÖNIG: Also das hör ich gern! Schon sehr gern! Was
soll ich denn schon sein, wenn ich kein Mensch bin,
Sie?! Vielleicht ein Vieh?! Das tät Ihnen so passen! Aber
15 ich bin kein Vieh und hab auch keine Tochter, bitt ich
mir aus!!

RITTMEISTER: Jetzt hab ich hier nichts mehr verloren. (Er
verbeugt sich steif und ab.)

ZAUBERKÖNIG: Und ich werd mir vielleicht noch was holen?
20 Ich bin in einer Untergangsstimmung, Herr Mister! Jetzt
möcht ich Ansichtskarten schreiben, damit die Leut vor
Neid zerplatzen, wenn sie durch mich selbst erfahren,
wie gut dass es mir geht!

DER MISTER: Ansichtskarten! Glänzende Idee! Das ist eine
25 Idee! Ansichtskarten, Ansichtskarten! (Er kauft einer
Verkäuferin gleich einen ganzen Stoß ab, setzt sich
dann abseits an einen Tisch und schreibt – nun ist er
allein mit dem Zauberkönig; aus der Bar tönt Tanzmusik.)

30 MARIANNE (kommt langsam in einem Bademantel und
bleibt vor dem Zauberkönig stehen.)

ZAUBERKÖNIG (starrt sie an, betrachtet sie von oben bis
unten – dreht ihr den Rücken zu.
Pause.)

MARIANNE: Warum hast du meine Briefe nicht gelesen? Ich
35 hab dir drei Briefe geschrieben. Aber du hast sie nicht
aufgemacht und hast sie zurückgehen lassen.
(Pause.)

---

[1] innere Abneigung

MARIANNE: Ich hab dir geschrieben, dass er mich verlassen hat –

ZAUBERKÖNIG *(wendet sich langsam ihr zu und fixiert sie gehässig)*: Das weiß ich. *(Er dreht ihr wieder den Rü-*
5 *cken zu.*
Pause.)

MARIANNE: Weißt du auch, dass ich ein Kind hab –?

ZAUBERKÖNIG: Natürlich!
(Pause.)

10 MARIANNE: Es geht uns sehr schlecht, mir und dem kleinen Leopold –

ZAUBERKÖNIG: Was?! Leopold?! Der Leopold, das bin doch ich! Na, das ist aber der Gipfel! Nennt ihre Schand nach mir! Das auch noch! Schluss jetzt! Wer nicht hören will,
15 muss fühlen! Schluss! *(Er erhebt sich, muss sich aber gleich wieder setzen.)*

MARIANNE: Du bist ja betrunken, Papa –

ZAUBERKÖNIG: Also werd nur nicht ordinär! Ich bin nicht dein Papa, ein für allemal! Und nur nicht ordinär, sonst – *(Er*
20 *macht die Geste des Ohrfeigens.)* Denk lieber an dein Mutterl selig! Die Toten hören alles!

MARIANNE: Wenn mein Mutterl noch leben würde –

ZAUBERKÖNIG: Lass dein Mutterl aus dem Spiel, bitt ich mir aus! Wenn sie dich so gesehen hätt, so nacket auf dem
25 Podium herumstehen – dich den Blicken der Allgemein- heit preisgeben. – Ja schämst dich denn gar nicht mehr? Pfui Teufel!

MARIANNE: Nein, das kann ich mir nicht leisten, dass ich mich schäm.

30 *(Stille.*
Die Musik in der Bar ist nun verstummt.)

MARIANNE: Ich verdien hier zwei Schilling pro Tag. Das ist nicht viel, inklusive dem kleinen Leopold. – Was kann ich denn aber auch anderes unternehmen? Du hast mich ja
35 nichts lernen lassen, nicht einmal meine rhythmische Gymnastik, du hast mich ja nur für die Ehe erzogen –

ZAUBERKÖNIG: Oh du miserables Geschöpf! Jetzt bin ich noch schuld!

MARIANNE: Hör mal, Papa –

40 ZAUBERKÖNIG *(unterbricht sie)*: Ich bin kein Papa!

MARIANNE *(schlägt mit der Faust auf den Tisch.)*: Aber so
hör auf, ja. Du bist doch mein Papa, wer denn sonst!?
Und hör jetzt mal – wenn das so weitergeht, ich kann
nichts verdienen – und auf den Strich gehen kann ich
5 nicht, ich kann das nicht, ich hab's ja schon versucht,
aber ich kann mich nur einem Manne geben, den ich
aus ganzer Seele mag – ich hab ja als ungelernte Frau
sonst nichts zu geben – dann bleibt mir nur der Zug.
ZAUBERKÖNIG: Was für ein Zug?
10 MARIANNE: Der Zug. Mit dem man wegfahren kann. Ich wirf
mich noch vor den Zug –
ZAUBERKÖNIG: So! Das auch noch. Das willst du mir also
auch noch antun – *(Er weint plötzlich.)* Oh du gemeines
Schwein, was machst du denn mit mir auf meine alten
15 Tag? Eine Schande nach der anderen – oh ich armer
alter Mensch, mit was hab ich denn das verdient?!
MARIANNE *(scharf)*: Denk nicht immer an dich!
ZAUBERKÖNIG *(hört auf zu weinen, starrt sie an, wird wütend.)*: So wirf dich doch vor den Zug! Wirf dich doch,
20 wirf dich doch! Samt deiner Brut!! – Oh, mir ist übel –
wenn ich nur brechen könnt – *(Er beugt sich über den
Tisch, schnellt aber plötzlich empor.)* – Denk lieber an
deinen Himmelvater! An unseren lieben Herrgott da
droben – *(Er wankt fort.)*
25 MARIANNE *(sieht ihm nach und schaut dann empor, dorthin, wo der Himmel liegt; leise)*: Da droben –
(Aus der Bar ertönt nun wieder Tanzmusik.)
DER MISTER *(ist nun fertig mit seiner Ansichtskarten-
schreiberei und entdeckt Marianne, die noch immer
30 in den Himmel schaut)*: Ah, eine Primadonna[1] – *(Er
betrachtet sie lächelnd.)* Sagen Sie – haben Sie nicht
zufällig einige Briefmarken bei sich?
MARIANNE: Nein.
DER MISTER *(langsam)*: Nämlich, ich brauche zehn Zwan-
35 ziggroschenmarken und zahle dafür fünfzig Schilling.
(Pause.)
DER MISTER: Sechzig Schilling.
(Pause.)

---

[1] ital.: weibliche Hauptrolle in der Oper

DER MISTER *(nimmt seine Brieftasche heraus.)*: Da sind
die Schillinge und da sind die Dollars –

MARIANNE: Zeigen Sie.

DER MISTER *(reicht ihr die Brieftasche.*

5   *Pause.)*

MARIANNE: Sechzig?

DER MISTER: Fünfundsechzig,

MARIANNE: Das ist viel Geld.

DER MISTER: Das will verdient sein.

10   *(Stille.*

Mit der Tanzmusik ist es nun wieder vorbei.)

MARIANNE: Nein. Danke. *(Sie gibt ihm die Brieftasche
zurück.)*

DER MISTER: Was heißt das?

15 MARIANNE: Ich kann nicht. Sie haben sich in mir geirrt,
Herr –

DER MISTER *(packt sie plötzlich am Handgelenk und
brüllt)*: Halt! Halt, du hast mich jetzt bestohlen, du
Dirne, Diebin, Verbrecherin, Hand aufmachen – auf!!

20 MARIANNE: Au!

DER MISTER: Da! Hundert Schilling! Meinst, ich merk das
nicht, du blöde Hur!? *(Er gibt ihr eine Ohrfeige.)* Polizei! Polizei!

ALLES *(erscheint aus der Bar.)*

25 DER CONFERENCIER: Was ist denn los, um Gottes Christi
willen?!

DER MISTER: Diese Hur da hat mich bestohlen! Hundert
Schilling, hundert Schilling! Polizei!

MARIANNE *(reißt sich vom Mister los)*: Ihr sollt mich nicht

30   mehr schlagen! Ich will nicht mehr geschlagen werden!

BARONIN *(erscheint.)*

MARIANNE *(schreit entsetzt.)*

II Draußen in der Wachau

35 *Alfred sitzt mit seiner Großmutter vor dem Häuschen
in der Abendsonne – und unweit steht der Kinderwagen.*

DIE GROSSMUTTER: Ich hab dich ja schon immer für einen Lügner gehalten, aber dass du ein solcher Scheißkerl bist, wär mir nie im Traum eingefallen! Borgt sich da von mir dreihundert Schilling für Frankreich zu einer
5 Speditionsfirma – und kommt jetzt nach drei Wochen an und beichtet, dass er gar nicht in Frankreich war, sondern dass er alles verspielt hat am Trabrennplatz! Wirst dort enden, wo deine saubere Mariann sitzt! Im Zuchthaus!

10 ALFRED: Vorerst sitzt sie ja noch gar nicht im Zuchthaus, sondern nur im Untersuchungsgefängnis, und morgen wird ihr doch erst der Prozess gemacht – und dann ist es ja nur ein Diebstahlsversuch. Schaden ist keiner entstanden, also hat sie mildernde Umständ und wird sicher
15 nur bedingt verurteilt werden, weil sie noch nicht vorbestraft ist –

DIE GROSSMUTTER: Nimm sie nur in Schutz, nimm sie nur in Schutz. – Schön hab ich mich in dir getäuscht, ich hab's ja schon immer gewusst, dass du ein Verbrecher
20 bist!

ALFRED: Willst mir also nicht verzeihen?

DIE GROSSMUTTER: Häng dich auf!

ALFRED: Bäääh! *(Er streckt die Zunge heraus.)*

DIE GROSSMUTTER: Bäääh! *(Sie streckt ihm die Zunge he-*
25 *raus.*

Stille.)

ALFRED *(erhebt sich)*: Also mich siehst du jetzt nicht so bald wieder.

DIE GROSSMUTTER: Und die dreihundert Schilling? Und die
30 hundertfünfzig vom vorigen Jahr?!

ALFRED: Und wenn du jetzt zerspringst, es ist doch so, dass ich es genau fühl, dass auch ich in einer gewissen Hinsicht mitschuldig bin an der Mariann ihrem Schicksal –

35 DIE GROSSMUTTER *(schnappt nach Luft.)*

ALFRED *(lüftet seinen Strohhut.)*: Küss die Hand, Großmama! *(Ab.)*

DIE GROSSMUTTER *(außer sich vor Wut)*: Schau, dass du verschwindst! Luder, dreckiges! Mir sowas ins Gesicht
40 zu sagen! Weg! Marsch! Scheißkerl! *(Sie setzt sich an*

das Tischchen, auf dem ihre Zither[1] liegt, und stimmt sie.)

DIE MUTTER *(tritt aus dem Häuschen.)*: Ist der Alfred schon fort?

5 DIE GROSSMUTTER: Gott sei Dank!

DIE MUTTER: Er hat sich von mir gar nicht verabschiedet –

DIE GROSSMUTTER: Einen feinen Sohn hast du da – frech und faul! Ganz der Herr Papa!

DIE MUTTER: So lass doch den Mann in Ruh! Jetzt liegt er 10 schon zehn Jahr unter der Erden, und gibst ihm noch immer keine Ruh!

DIE GROSSMUTTER: Wer hat ihn denn so früh unter die Erden gebracht? Ich vielleicht? Oder der liebe Alkohol? – Deine ganze Mitgift hat er versoffen!

15 DIE MUTTER: Jetzt will ich aber nichts mehr hören, ich will nicht!

DIE GROSSMUTTER: Halt's Maul! *(Sie spielt auf ihrer Zither den Doppeladlermarsch[2].)*

DIE MUTTER *(beugt sich besorgt über den Kinderwagen,* 20 *und die Großmutter beendet ihren Marsch.)*: Er macht mir Sorgen, der kleine Leopold – er hat so stark gehustet, und jetzt hat er rote Backerln und so einen ganz anderen Blick – damals beim armen kleinen Ludwig hat's genau so begonnen –

25 DIE GROSSMUTTER: Gott gibt und Gott nimmt.

DIE MUTTER: Mama!

DIE GROSSMUTTER: Mutterl im Zuchthaus und Vaterl ein Hallodri! Für manche wär's schon besser, wenn's hin wären!

30 DIE MUTTER: Möchtst denn du schon hin sein?

DIE GROSSMUTTER *(kreischt)*: Vergleich mich nicht mit dem dort! *(Sie deutet auf den Kinderwagen.)* Meine Eltern waren ehrliche Leut! *(Sie spielt wütend ein Menuett[3].)*

35 DIE MUTTER: So spiel doch nicht!

---

[1] Saiteninstrument

[2] Militärmarsch; der Doppeladler diente als heraldisches Zeichen im Wappen Österreichs.

[3] aus Frankreich stammender Tanzrhythmus

DIE GROSSMUTTER *(unterbricht ihr Spiel.)*: Was schreist denn so?! Bist narrisch?! *(Sie fixieren sich. Stille.)*
DIE MUTTER *(bange)*: Mama – ich hab es gesehn –
5 DIE GROSSMUTTER: Was?
DIE MUTTER: Was du heut nacht gemacht hast –
(Stille.)
DIE GROSSMUTTER *(lauernd)*: Was hab ich denn gemacht?
DIE MUTTER: Du hast die beiden Fenster aufgemacht und
10 hast das Betterl mit dem kleinen Leopold in den Zug gestellt –
DIE GROSSMUTTER *(kreischt)*: Das hast du geträumt! Das hast du geträumt!
DIE MUTTER: Nein, das hab ich nicht geträumt. Und wenn
15 du zerspringst!

III Und abermals in der stillen Straße im achten Bezirk

Der Rittmeister liest noch immer die Ziehungsliste, und Valerie steht in der Tür ihrer Tabak-Trafik. – Es scheint
20 *überhaupt alles beim Alten geblieben zu sein, nur auf der Puppenklinikauslage klebt ein Zettel: „Ausverkauf".*

VALERIE *(boshaft)*: Was haben wir denn gewonnen, Herr Rittmeister?
RITTMEISTER *(reicht ihr die Ziehungsliste zurück.)*: Es ist
25 Samstag, Frau Valerie. Und morgen ist Sonntag.
VALERIE: Das ist halt unser irdisches Dasein, Herr Rittmeister.
RITTMEISTER: Ausverkauf! Mein Gewissen ist rein und trotzdem. Ich war doch damals im Maxim nur von den altru-
30 istischsten[1] Absichten beseelt – versöhnend hab ich wirken wollen, versöhnend – und derweil hat sich eine Tragödie nach der anderen abgerollt. Die arme Mariann wird eingekastelt[2] und verurteilt –

---

[1] selbstlosesten
[2] österr.: eingesperrt

VALERIE *(unterbricht ihn)*: Bedingt, Herr Rittmeister! Bedingt!

(Stille.)

RITTMEISTER: Ist er eigentlich noch geärgert auf mich, der
5   Herr Zauberkönig?

VALERIE: Wegen was denn?

RITTMEISTER: Na, ich denk, wegen der fatalen Situation im
Maxim, die wo ich ihm inszeniert hab.

VALERIE: Aber Herr Rittmeister! Nach all dem, was der Mann
10   durchgemacht hat, hat er keine Lust mehr, sich über Sie
zu ärgern – er ist überhaupt viel versöhnlicher geworden,
er ist halt gebrochen. Als er seinerzeit gehört hat, dass
die liebe Mariann gestohlen hat, da hat ihn ja fast der
Schlag getroffen!

15   RITTMEISTER: So ein Schlaganfall ist kein Witz.

VALERIE: Er hat ja schon direkt die Sphärenmusik gehört.

RITTMEISTER: Was verstehen Sie unter Sphärenmusik?

VALERIE: Wenn einer knapp vor dem Tode ist, dann fängt die
arme Seel bereits an, den Körper zu verlassen – aber nur
20   die halbe Seel – und die fliegt dann schon hoch hinauf
und immer höher und dort droben gibt's eine sonderbare Melodie, das ist die Musik der Sphären –

(Stille.)

RITTMEISTER: Möglich. An und für sich –

25   *(Jetzt spielt die Realschülerin im zweiten Stock einen
Walzer von Johann Strauß.)*

VALERIE: Können Sie schweigen, Herr Rittmeister?

RITTMEISTER: Natürlich!

VALERIE: Ehrenwort?

30   RITTMEISTER: Na wenn ich als alter Offizier nicht schweigen
könnt! Denken S' doch nur mal an all die militärischen
Geheimnisse, die ich weiß!

(Pause.)

VALERIE: Herr Rittmeister. Sie war bei mir.

35   RITTMEISTER: Wer?

VALERIE: Die Mariann. Ja, die Mariann. Sie hat mich aufgesucht. Vier Wochen ist sie jetzt gesessen in ihrer Untersuchungshaft, und jetzt hat sie nichts zum Beißen – nur
ihren Stolz, den hat sie noch gehabt! Aber den hab ich
40   ihr gründlich ausgetrieben, kann ich nur sagen! Gründ-

lich! Verlassen Sie sich nur auf mich, Herr Rittmeister, ich werd sie schon mit ihrem Papa aussöhnen, wir Frauen verstehen das besser als wie die Herren der Schöpfung! Sie haben ja das im Maxim viel zu direkt versucht
5 – mein Gott, hab ich mich damals erschrocken!

RITTMEISTER: Ende gut, alles gut!

ERICH: *(kommt rasch von rechts – er will in die Puppenklinik, erblickt aber den Rittmeister und fixiert ihn – und die Realschülerin bricht den Walzer ab, mitten*
10 *im Takt.)*

RITTMEISTER: *(betrachtet Erich geringschätzig – grüßt dann höflich Valerie und ab, knapp an Erich vorbei.)*

ERICH *(sieht ihm finster nach und betrachtet dann Vale-*
15 *rie.)*

VALERIE: *(will ab in ihre Tabak-Trafik.)*

ERICH: Halt! Verzeihen, Gnädigste! Ich möchte Sie nur darauf aufmerksam machen, dass wir uns jetzt wahrscheinlich das letzte Mal sehen –

20 VALERIE: Hoffentlich!

ERICH: Ich fahre nämlich morgen früh – für immer.

VALERIE: Glückliche Reise!

ERICH: Danke! *(Er grüßt wieder korrekt und will ab in die Puppenklinik.)*

25 VALERIE *(plötzlich)*: Halt!

ERICH: Zu Befehl!

(Stille.)

VALERIE: Wir wollen uns nicht so Adieu sagen – Komm, geben wir uns die Hand – trennen wir uns als gute Ka-
30 meraden –

ERICH: Gut. *(Er gibt ihr die Hand; zieht dann ein Notizbuch aus der Tasche und blättert darin.)* Hier steht es genau notiert: Soll und Haben – jede Zigarette.

VALERIE *(freundlich)*: Ich brauch deine Zigaretten nicht –

35 ERICH: Ehrensache!

VALERIE *(nimmt seine Hand, in der er das Notizbuch hält, und streichelt sie.)*: Du bist halt kein Psychologe, Erich – *(Sie nickt ihm freundlich zu und langsam ab in die Tabak-Trafik – und jetzt spielt die Realschülerin wie-*
40 *der.)*

ERICH *(sieht ihr nach; ist nun allein.)*: Altes fünfzigjähriges Stück Scheiße – *(Ab in die Puppenklinik.)*

OSKAR *(kommt mit Alfred aus seiner Fleischhauerei.)*: Also auf alle Fäll dank ich Ihnen herzlichst, dass Sie
5   mich besucht haben – und dass wir uns so gut vertragen in puncto Mariann.

ALFRED: Es bleibt dabei: Ich lass ab von ihr – für ewig. *(Er erblickt den Zettel auf der Puppenklinikauslage.)* Was? „Ausverkauf"?

10 OSKAR *(lächelt)*: Auch das, lieber Herr – Es wird sich hier bald ausgezaubert haben, das heißt: falls er sich nicht wieder mit unserer Mariann versöhnt, denn so solo[1] schafft's der Alte nicht mehr –

ALFRED: Wie traurig das alles ist! Glauben S' mir nur, ich bin
15   an dieser ganzen Geschicht eigentlich unschuldig – heut begreif ich mich gar nicht, ich hab es doch so gut ge-habt früher, ohne Kummer und ohne Sorgen – und dann lasst man sich in so ein unüberlegtes Abenteuer hineintreiben – es geschieht mir schon ganz recht, weiß
20   der Teufel, was in mich gefahren ist!

OSKAR: Das ist halt die große Liebe gewesen.

ALFRED: Oh nein! Dazu hab ich schon gar kein Talent. – Ich war nur zu weich. Ich kann halt nicht nein sagen, und dann wird so eine Liaison[2] automatisch immer ärger. Ich
25   wollt nämlich seinerzeit Ihre Verlobung wirklich nicht auseinanderbringen – aber die liebe Mariann bestand auf dem Alles-oder-Nichts-Standpunkt. Verstehens mich?

OSKAR: Leicht. Der Mann ist ja nur der scheinbar aktive Teil und das Weib nur der scheinbar passive – wenn man
30   da näher hineinleuchtet –

ALFRED: Abgründe tun sich auf.

OSKAR: Und sehen S', deshalb war ich Ihnen persönlich eigentlich nie so recht bös – Ihnen hab ich nie etwas Böses gewünscht – während die Mariann – *(Er lächelt.)*
35   Ja, die hat bitter büßen müssen, das arme Hascherl[3] – für die große Leidenschaft ihres Lebens –

---

[1] allein
[2] franz.: Liebschaft
[3] bemitleidenswerter, schwacher Mensch

ALFRED: Nein, so viel Leut ins Unglück zu stürzen! Wirklich: wir Männer müssten mehr zusammenhalten.

OSKAR: Wir sind halt zu naiv.

ALFRED: Allerdings.

5 *(Jetzt bricht die Realschülerin wieder ab.)*

ALFRED: Herr Oskar. Ich weiß gar nicht, wie ich Ihnen danken soll, dass Sie es übernommen haben, mich mit der Frau Valerie wieder auszusöhnen –

OSKAR *(unterbricht ihn)*: Pst!

10 ZAUBERKÖNIG *(begleitet Erich aus der Puppenklinik – beide bemerken weder Alfred noch Oskar, die sich in die Tür der Fleischhauerei zurückgezogen haben.)*: Also nochmals, gute Reise, Erich! Bleib gesund und komm gut nach Dessau!

15 ERICH: Nach Kassel, Onkel!

ZAUBERKÖNIG: Kassel und Dessau – das werd ich nimmer lernen! Und vergiss unsere Wienerstadt nicht und deinen armen alten Onkel!

ERICH: *(schlägt nochmals die Hacken zusammen, ver-*
20 *beugt sich straff und ab, ohne sich umzusehen.)*

ZAUBERKÖNIG *(sieht ihm gerührt nach – erblickt dann Valerie, die, als sie Erichs Stimme gehört hatte, wieder in ihrer Tür erschien und horchte)*: Ein Prachtkerl, was? *(Nun spielt die Realschülerin wieder.)*

25 VALERIE: *(nickt langsam ja.)*

ZAUBERKÖNIG *(holt sich aus dem Ständer vor der Tabak-Trafik eine Zeitung und durchblättert sie.)*: Ja ja, Europa muss sich schon einigen, denn beim nächsten Krieg gehen wir alle zugrund – aber kann man sich denn
30 alles bieten lassen?! Was sich da nur die Tschechen wieder herausnehmen! Ich sag dir heut: Morgen gibt's wieder einen Krieg! Und den muss es auch geben! Krieg wird's immer geben!

VALERIE *(ist immer noch anderswo.)*: Das schon. Aber das
35 wär halt das Ende unserer Kultur.

ZAUBERKÖNIG: Kultur oder nicht Kultur – Krieg ist ein Naturgesetz! Akkurat wie die liebe Konkurrenz im geschäftlichen Leben! Ich für meine Person bin ja konkurrenzlos, weil ich ein Spezialgeschäft bin. Trotzdem geh ich zu-
40 grund. Ich kann's halt allein nicht mehr schaffen, mich

macht schon jeder Käufer nervös – Früher, da hab ich
eine Frau gehabt, und wie die angefangen hat zu krän-
keln, da ist die Mariann schon so groß gewesen –
VALERIE: Wie groß?
5 ZAUBERKÖNIG: So groß!
(Pause.)
VALERIE: Wenn ich Großpapa wär –
ZAUBERKÖNIG *(unterbricht sie)*: Ich bin aber kein Großpapa,
bitt ich mir aus! *(Er fasst sich ans Herz und der Walzer*
10 *bricht ab.)* Reg mich doch nicht auf! Au, mein Herz –
(Stille.)
VALERIE: Tut's weh?
ZAUBERKÖNIG: Bestialisch – Du weißt, was der Medizinalrat
gesagt hat – mich könnt so ein Schlagerl[202] treffen wie
15 nix –
VALERIE: Ich kenn das von meinem Seligen her – Sticht's?
ZAUBERKÖNIG: Es sticht – es sticht –
(Stille.)
VALERIE: Leopold. Der liebe Gott hat dir einen Fingerzeig
20 gegeben – dass du nämlich noch unter uns bist – Still!
Reg dich nur nicht auf, reg dich nicht auf – sonst kommt
der Schlaganfall, der Schlaganfall, und dann – und dann
– versöhn dich doch lieber, du alter Trottel – versöhn
dich, und du wirst auch dein Geschäft wieder weiterfüh-
25 ren können, es wird alles wieder besser, besser, bes-
ser!
(Stille.)
ZAUBERKÖNIG: Meinst du?
VALERIE: Schau, die Mariann – das ist doch kein böser
30 Mensch, das ist doch nur ein dummes Weiberl – ein ganz
armes dummes Weiberl –
ZAUBERKÖNIG: Dumm ist sie schon. Saudumm!
VALERIE: Und die hat sich eingebildet, die Welt nach ihrem
Bild umzuformen – aber die Welt folgt halt doch nur
35 dem Verstand, gelt, Großpapa?
ZAUBERKÖNIG: Großpapa?
VALERIE: Ja.
(Stille.)

---

[1] österr.: Schlaganfall

(Dann spielt wieder die Realschülerin.)

ZAUBERKÖNIG *(lässt sie langsam stehen und wendet sich seiner Puppenklinik zu – hält vor der Auslage und betrachtet den Ausverkaufszettel; dann nickt er Va-*
5 *lerie freundlich zu, reißt den Zettel ab und verschwindet in seiner Puppenklinik.)*

VALERIE *(grinst befriedigt und steckt sich eine Zigarette an.)*

OSKAR: Frau Valerie! Jetzt hätt ich für Sie eine Über-
10 raschung!

VALERIE: Was für eine Überraschung?

OSKAR: Es möcht sich jemand mit Ihnen versöhnen.

VALERIE: Wer? Erich?

OSKAR: Nein.

15 VALERIE: Sondern?

OSKAR: Dort –

VALERIE *(nähert sich der Fleischhauerei und erblickt Alfred.)*

ALFRED *(grüßt.*
20 *Pause.)*

VALERIE: Ach!

(Jetzt ist es wieder aus mit der Musik.)

ALFRED: Du ahnst es ja nicht, was mich diese Reue für innere Kämpfe gekostet hat, dieser Gang nach Canos-
25 sa[1] – Ich hab ja schon vor mir selbst gar kein Schamgefühl mehr, weil ich weiß, dass ich dir Unrecht getan hab.

VALERIE: Mir?

ALFRED: Ja.

30 VALERIE: Wann denn?

ALFRED *(ist perplex.)*

VALERIE: Mir hast du nichts Schlechtes getan.

ALFRED *(ist noch perplexer; er lächelt verlegen.)*: Na, ich hab dich doch immerhin verlassen –

---

[1] Redensart;Anspielung auf den 1077 stattgefundenen Bußgang Kaiser Heinrichs IV. zu Papst Gregor VII. auf die Burg zu Canossa. Durch diese Demutsgeste gelang es dem deutschen Kaiser, die Aufhebung des päpstlichen Kirchenbanns zu erwirken.

VALERIE: Du mich? Ich dich! Und außerdem war das auch nichts Schlechtes, sondern nur etwas sehr Gutes, merk dir das, du eitler Aff!

ALFRED: Wir sind als gute Kameraden auseinander, verstanden?

VALERIE: Wir zwei sind getrennte Leut, verstanden?! Weil ich mit einem ausgemachten Halunken in der Zukunft nichts mehr zu tun haben möcht!

(Stille.)

ALFRED: Wieso denn ein ausgemachter? Du hast doch grad selber gesagt, dass ich dir nichts getan hab!

VALERIE: Mir nichts! Aber der Mariann! Und deinem Kind?

(Stille.)

ALFRED: Die Mariann hat immer gesagt, ich könnt hypnotisieren – *(Er schreit sie an.)* Was kann ich denn dafür, dass ich auf die Frauen so stark wirk?!

VALERIE: Schrei mich nicht an!

OSKAR: Meiner Meinung nach war der Herr Alfred relativ gut zur Mariann –

VALERIE: Wenn ihr Mannsbilder nur wieder zusammenhelft! Oh, ich hab aber auch noch mein weibliches Solidaritätsgefühl! *(Zu Alfred.)* So klein möcht ich dich sehen, so klein!

(Stille.)

ALFRED: Ich bin eine geschlagene Armee. Das musst du mir nicht zweimal sagen, dass ich ein schlechter Mensch bin, das weiß ich, weil ich halt zu guter Letzt ein schwacher Mensch bin. Ich brauch immer jemand, für den ich sorgen kann und muss, sonst verkomm ich sofort. Für die Mariann konnt ich aber nicht sorgen, das war mein spezielles Pech – Ja, wenn ich noch einiges Kapital gehabt hätt, dann hätt ich ja wieder auf die Rennplätz hinauskönnen, trotzdem dass sie es nicht hat haben wollen –

VALERIE: Sie hat es nicht haben wollen?

ALFRED: Aus moralischen Gründen.

VALERIE: Das war aber dumm von ihr, wo das doch dein eigenstes Gebiet ist.

ALFRED: Siehst du! Und an diesem Lebensauffassungsunterschied zerschellte auch schließlich unser Verhältnis. Ganz von allein.

VALERIE: Lüg nicht.

(Stille.)

ALFRED: Valerie. Ich hab eine Hautcreme vertreten, Füllfederhalter und orientalische Teppich – es ist mir alles
5   danebengelungen[1] und nun steck ich in einer direkt schweinischen Situation. Du hast doch früher auch für eine jede Schweinerei Verständnis gehabt –

VALERIE *(unterbricht ihn)*: Wie war's denn in Frankreich?

ALFRED: Relativ genau wie hier.

10 VALERIE: Und wie sind denn die Französinnen?

ALFRED: Wie sie alle sind. Undankbar.

VALERIE *(lächelt)*: Du Lump. Was würdest du denn tun, wenn ich dir jetzt fünfzig Schilling leihen würd?

(Stille.)

15 ALFRED: Fünfzig?

VALERIE: Ja.

ALFRED: Ich würde natürlich sofort telegrafisch in Maisons-Laffitte Sieg und Platz –

VALERIE *(unterbricht ihn)*: Und? Und?

20 ALFRED: Wieso?

VALERIE: Und den Gewinn?

(Stille.)

ALFRED *(lächelt hinterlistig)*: Den voraussichtlichen Gewinn würde ich morgen persönlich meinem Söhnchen
25   überreichen –

VALERIE: Werden sehen –! Werden sehen!

MARIANNE *(kommt rasch und erschrickt.)*

OSKAR: Mariann!

VALERIE: Na also!

30 MARIANNE *(starrt einen nach dem anderen an – will rasch wieder fort.)*

VALERIE: Halt! Dageblieben! Jetzt werden wir mal den Schmutz da zusammenräumen – jetzt kommt die große Stöberei[2]! Jetzt wird versöhnt und basta!

35   *(Stille.)*

OSKAR: Mariann. Ich verzeihe dir gern alles, was du mir angetan hast – denn lieben bereitet mehr Glück, als geliebt

---

[1] scherzhafter Neologismus für: misslungen

[2] österr.: das große Aufräumen

zu werden. – Wenn du nämlich nur noch einen Funken Gefühl in dir hast, so musst du es jetzt spüren, dass ich dich trotz allem noch heut an den Altar führen tät, wenn du nämlich noch frei wärst – ich meine jetzt das Kind –

5   *(Stille.)*

MARIANNE: Was denkst du da?

OSKAR *(lächelt)*: Es tut mir leid.

MARIANNE: Was?

OSKAR: Das Kind –

10   *(Stille.)*

MARIANNE: So lass doch das Kind in Ruh – Was hat dir denn das Kind getan? Schau mich doch nicht so dumm an!

VALERIE: Mariann! Hier wird jetzt versöhnt!

MARIANNE *(deutet auf Alfred)*: Aber nicht mit dem!

15 VALERIE: Auch mit dem! Alles oder nichts! Auch das ist doch nur ein Mensch!

ALFRED: Ich danke dir.

MARIANNE: Gestern hast du noch gesagt, dass er ein gemeines Tier ist.

20 VALERIE: Gestern war gestern, und heut ist heut, und außerdem kümmer dich um deine Privatangelegenheiten.

ALFRED: Nur wer sich wandelt, bleibt mit mir verwandt.

OSKAR *(zu Marianne)*:

25   Denn so lang du dies nicht hast
Dieses Stirb und Werde!
Bist du noch ein trüber Gast
Auf der dunklen Erde!

MARIANNE *(grinst)*: Gott, seid ihr gebildet –

30 OSKAR: Das sind doch nur Kalendersprüch!

VALERIE: Sprüch oder nicht Sprüch! Auch das ist doch nur ein Mensch mit allen seinen angeborenen Fehlern und Lastern – Du hast ihm auch keinen genügend starken inneren Halt gegeben!

35 MARIANNE: Ich hab getan, was ich tun konnte!

VALERIE: Du bist halt noch zu jung!

(Stille.)

ALFRED: Zu guter Letzt war ich ja auch kein Engel.

VALERIE: Zu guter Letzt ist bei einer solchen Liaison über-

40   haupt nie jemand schuld – das ist doch zu guter Letzt eine

Frage der Planeten, wie man sich gegenseitig bestrahlt und so.

MARIANNE: Mich hat man aber eingesperrt.

(Stille.)

5 MARIANNE: Sie haben mich sehr erniedrigt.

OSKAR: Die Polizei trägt allerdings keine Glacéhandschuhe.

VALERIE: Waren es wenigstens weibliche Kriminalbeamte?

MARIANNE: Teils.

10 VALERIE: Na also!

(Stille.)

VALERIE: Marianderl. Jetzt geh nur ruhig dort hinein – *(Sie deutet auf die Puppenklinik.)*

MARIANNE: Und?

15 VALERIE: Geh nur –

MARIANNE: Aber auf deine Verantwortung –

VALERIE: Auf meine Verantwortung –

(Stille.)

MARIANNE *(wendet sich langsam der Puppenklinik zu –*
20 *legt die Hand auf die Klinke und dreht sich dann nochmals Valerie, Alfred und Oskar zu.)*: Ich möcht jetzt nur noch was sagen. Es ist mir nämlich zu guter Letzt scheißwurscht – und das, was ich da tu, tu ich nur wegen dem kleinen Leopold, der doch nichts dafür
25 kann. – *(Sie öffnet die Tür und das Glockenspiel erklingt, als wäre nichts geschehen.)*

IV Draußen in der Wachau

Die Großmutter sitzt in der Sonne und die Mutter schält Erdäpfel[1]. Und der Kinderwagen ist nirgends zu sehen.

30 DIE GROSSMUTTER: Frieda! Hast du ihr schon den Brief geschrieben?

DIE MUTTER: Nein.

DIE GROSSMUTTER: Soll ich ihn vielleicht schreiben?

(Stille.)

---

[1] südd.: Kartoffeln

DIE GROSSMUTTER: Da wir die Adress des lieben Herrn Alfred nicht kennen, müssen wir es doch ihr schreiben –

DIE MUTTER: Ich schreib schon, ich schreib schon. – Sie werden uns noch Vorwürf machen, dass wir nicht aufgepasst haben –

DIE GROSSMUTTER: Wir? Du! Du, willst du wohl sagen!

DIE MUTTER: Was kann denn ich dafür?!

DIE GROSSMUTTER: War's vielleicht meine Idee, das Kind in Kost zu nehmen[1]?! Nein, das war deine Idee – weil du etwas Kleines, Liebes um dich hast haben wollen, hast du gesagt! Hast du gesagt! Ich war immer dagegen. Mit so was hat man nur Scherereien!

DIE MUTTER: Gut. Bin ich wieder schuld. Gut. Am End bin ich dann vielleicht auch daran schuld, dass sich der kleine Leopold erkältet hat – und dass er jetzt im Himmel ist?! Herrgott, ist das alles entsetzlich!
(Stille.)

DIE GROSSMUTTER: Vielleicht ist es ihr gar nicht so entsetzlich – ich meine jetzt dein Fräulein Mariann. – Man kennt ja diese Sorte Fräuleins – vielleicht wird das Fräulein sogar zufrieden sein, dass sie es los hat –

DIE MUTTER: Mama! Bist du daneben?!

DIE GROSSMUTTER: Was fällt dir ein, du Mistvieh?!

DIE MUTTER: Was fällt dir ein, du Ungeheuer?! Das Fräulein ist doch auch nur eine Mutter, genau wie du!!

DIE GROSSMUTTER *(kreischt)*: Vergleich mich nicht mit ihr! Ich hab mein Kind in Ehren geboren, oder bist du ein unehelicher Schlampen[2]?! Wo kein Segen von oben dabei ist, das endet nicht gut und soll es auch nicht! Wo kämen wir denn da hin?! Jetzt wird hier aber endlich geschrieben – und wenn du zu feig dazu bist, dann diktier ich dir! *(Sie erhebt sich.)* Setz dich her! Hier hast du Papier und Bleistift – ich hab's schon vorbereitet.

DIE MUTTER: Ungeheuer –

DIE GROSSMUTTER: Kusch! Setz dich! Schreib! Freu dich, dass ich dir hilf!

DIE MUTTER *(setzt sich.)*

---

[1]   aufzunehmen
[2]   abwertend für: uneheliches Kind

DIE GROSSMUTTER *(geht gebeugt auf und ab und diktiert)*: Wertes Fräulein! – Jawohl: Fräulein! – Leider müssen wir Ihnen eine für Sie recht traurige Mitteilung machen. Gott der Allmächtige hat es mit seinem unerforschlichen
5 Willen so gewollt, dass Sie, wertes Fräulein, kein Kind mehr haben sollen. Das Kind hat sich nur etwas erkältet, und dann ist es sehr schnell dahingegangen – Punkt. Aber trösten Sie sich, Gott der Allmächtige liebt die unschuldigen Kinder. Punkt. Neuer Absatz.

10 MARIANNE *(kommt mit Zauberkönig, Valerie, Oskar und Alfred, denen sie etwas vorausgeeilt ist.)*: Guten Tag, liebe Frau Zentner! Küss die Hand, Großmutter! Jetzt war ich aber lang nicht mehr da, ich bin ja nur froh, dass ich euch wiederseh – Das ist mein Vater!

15 ZAUBERKÖNIG *(grüßt.)*

DIE MUTTER *(erblickt Alfred)*: Alfred!

MARIANNE *(wird es plötzlich unheimlich)*: Was habt ihr denn –?

DIE GROSSMUTTER *(reicht ihr den Brief.)*

20 MARIANNE: *(nimmt ihr mechanisch den Brief ab und sieht sich scheu um; bange)*: Wo ist er denn – wo ist er denn –?

DIE GROSSMUTTER: Lesen, bitte. Lesen –

MARIANNE: *(liest den Brief.)*

25 ZAUBERKÖNIG: Na, wo ist er denn, der kleine Leopold? *(Er hält ein Kinderspielzeug in der Hand, an dem Glöckchen befestigt sind, und läutet damit.)* Der Opapa ist da. Der Opapa!

MARIANNE: *(lässt den Brief fallen.)*

30 *(Stille.)*

ZAUBERKÖNIG *(plötzlich ängstlich)*: Mariann! Ist denn was passiert?

VALERIE *(hat den Brief aufgehoben und gelesen; jetzt schreit sie)*: Maria! Tot ist er! Hin ist er, der kleine Leo-
35 pold!

ALFRED: Tot?!

VALERIE: Tot! *(Sie schluchzt.)*

ALFRED: *(schließt sie automatisch in seine Arme.)*

ZAUBERKÖNIG *(wankt – lässt das Kinderspielzeug fallen
40 und hält die Hand vors Gesicht.)*

(Stille.)

DIE GROSSMUTTER: *(hebt neugierig das Kinderspielzeug auf und läutet damit.)*

MARIANNE: *(beobachtet sie – stürzt sich plötzlich lautlos auf sie und will sie mit der Zither, die auf dem Tischchen liegt, erschlagen.)*

OSKAR: *(drückt ihr die Kehle zu.)*

MARIANNE: *(röchelt und lässt die Zither fallen.)*

(Stille.)

DIE GROSSMUTTER *(hebt die Zither auf, leise)*: Du Luder. Du Bestie. Du Zuchthäuslerin. – Mich? Mich möchst du erschlagen, mich?

DIE MUTTER *(schreit die Großmutter plötzlich an)*: Jetzt schau aber, dass du ins Haus kommst! Marsch! Marsch!

DIE GROSSMUTTER *(geht langsam auf die Mutter zu)*: Dir tät es ja schon lange passen, wenn ich schon unter der Erden wär – nicht? Aber ich geh halt noch nicht, ich geh noch nicht – Da! *(Sie gibt der Mutter eine Ohrfeige.)* Verfaulen sollt ihr alle, die ihr mir den Tod wünscht! *(Ab mit ihrer Zither in das Häuschen.)*

(Stille.)

DIE MUTTER *(schluchzt)*: Na, das sollst du mir büßen – *(Ihr nach.)*

ZAUBERKÖNIG *(nimmt langsam die Hand vom Gesicht.)*: Der zweite Schlaganfall, der zweite Schlaganfall – nein, nein, nein, lieber Gott, lass mich noch da, lieber Gott – *(Er bekreuzigt sich.)* Vater unser, der du bist im Himmel – groß bist du und gerecht – nicht wahr, du bist gerecht? Lass mich noch, lass mich noch – Oh, du bist gerecht, oh, du bist gerecht! *(Er richtet sich seine Krawatte und geht langsam ab.)*

VALERIE *(zu Alfred)*: Wie groß war er denn schon, der kleine Leopold?

ALFRED: So groß –

VALERIE: Meine innigste Kondolation[1].

ALFRED: Danke. *(Er zieht Geldscheine aus seiner Hosentasche.)* Da. Jetzt hab ich gestern noch telegrafisch gesetzt und hab in Maisons-Laffitte gewonnen – und

---

[1] Beileidsbekundung

heut wollt ich meinem Sohne vierundachtzig Schilling
bringen –

VALERIE: Wir werden ihm einen schönen Grabstein setzen.
Vielleicht ein betendes Englein.

5 ALFRED: Ich bin sehr traurig. Wirklich. Ich hab jetzt grad so
gedacht – so ohne Kinder hört man eigentlich auf. Man
setzt sich nicht fort und stirbt aus. Schad! *(Langsam ab
mit Valerie.)*

MARIANNE: Ich hab mal Gott gefragt, was er mit mir vorhat.

10 – Er hat es mir aber nicht gesagt, sonst wär ich nämlich
nicht mehr da. – Er hat mir überhaupt nichts gesagt. – Er
hat mich überraschen wollen. – Pfui!

OSKAR: Marianne! Hadere nie mit Gott!

MARIANNE: Pfui! Pfui! *(Sie spuckt aus.)*

15 *(Stille.)*

OSKAR: Mariann. Gott weiß, was er tut, glaub mir das.

MARIANNE: Kind! Wo bist du denn jetzt? Wo?

OSKAR: Im Paradies.

MARIANNE: So quäl mich doch nicht –

20 OSKAR: Ich bin doch kein Sadist[1]! Ich möcht dich doch nur
trösten. – Dein Leben liegt doch noch vor dir. Du stehst
doch erst am Anfang. – Gott gibt und Gott nimmt.

MARIANNE: Mir hat er nur genommen, nur genommen –

OSKAR: Gott ist die Liebe, Mariann – und wen er liebt, den

25 schlägt er –

MARIANNE: Mich prügelt er wie einen Hund!

OSKAR: Auch das! Wenn es nämlich sein muss.

*(Nun spielt die Großmutter auf ihrer Zither drinnen im
Häuschen die „Geschichten aus dem Wiener Wald" von*

30 *Johann Strauß.)*

OSKAR: Mariann. Ich hab dir mal gesagt, dass ich es dir nie
wünsch, dass du das durchmachen sollst, was du mir
angetan hast – und trotzdem hat dir Gott Menschen
gelassen – die dich trotzdem lieben – und jetzt, nachdem

35 sich alles so eingerenkt hat. – Ich hab dir mal gesagt,
Mariann, du wirst meiner Liebe nicht entgehn –

---

[1] Person, die sexuelle Befriedigung durch das Ausüben von Gewalt
erfährt

MARIANNE: Ich kann nicht mehr. Jetzt kann ich nicht mehr –

OSKAR: Dann komm – *(Er stützt sie, gibt ihr einen Kuss auf den Mund und langsam ab mit ihr – und in der Luft ist ein Klingen und Singen, als spielte ein himmlisches Streichorchester die „Geschichten aus dem Wiener Wald" von Johann Strauß.)*

Ende des dritten und letzten Teiles

Anhang

Horváth im Jahre 1932

„Horváth in roter Jacke" – Dieses Porträt Horváths wurde 1931 von der expressionistischen Malerin Gabriele Münter (1877–1962) geschaffen. Seine Entstehung verdankt sich der Nachbarschaft der beiden in Murnau am Staffelsee, wo Gabriele Münter beheimatet war und die Familie Horváths ein Ferienhaus besaß. Das Bild galt lange als verschollen und wurde nur durch Zufall im Jahr 2008 auf der Rückseite eines anderen Münter-Bildes wiederentdeckt.

1. Ödön von Horváth: Leben und Werk

Die Lebensumstände Ödön von Horváths waren von den tragischen Wechselfällen bestimmt, die die mitteleuropäische Geschichte in der ersten Hälfte des 20. Jahrhunderts prägten. So erlebte er den Untergang des österreichisch-ungarischen Vielvöl- 5
kerstaats und nachfolgend die kurze Blütezeit der österreichischen Republik ebenso wie den verhängnisvollen Aufstieg des Nationalsozialismus in Europa. Dieser biografische Hintergrund übte folgerichtig auch einen erheblichen Einfluss auf Horváths literarisches Schaffen aus. 10

Ödön von Horváth, der sich wiederholt als eine „typisch alt-österreichisch-ungarische Mischung" bezeichnet, ist ein ‚Tornisterkind'. So nannte man in der Monarchie[1] die Kinder von Offizieren, Beamten oder Diplomaten, die immer wieder von einem Land in das andere umziehen mussten, ‚trans- 15
feriert' wurden. Geboren am 9. Dezember 1901 in Susak (einem Vorort von Rijeka/Fiume) im ungarischen Teil der Reichshälfte als Sohn eines landadeligen Diplomaten, lebt er 1903 bis 1908 in Belgrad, 1908 bis 1913 in Budapest, 1914 in München und besucht 1917 die Oberrealschule in Pozso- 20
ny/Bratislava/Preßburg. Trotz des Namens (Ödön = ungar. f. ‚Edmund', Horváth = ‚Kroate' und ein in Ungarn und Ost-Österreich häufiger Familienname) ist seine Muttersprache Deutsch. Aufgrund der häufigen Übersiedlungen schreibt er

---

[1] Gemeint ist das bis 1918 existierende Kaiserreich Österreich-Ungarn. Der flächenmäßig nach Russland zweitgrößte Staat Europas erstreckte sich im Westen bis in die Lombardei, im Osten bis nach Galizien. Die südliche Grenze bildete das heutige Kroatien, die nördliche Böhmen. Der auch als Donaumonarchie bezeichnete Vielvölkerstaat beherbergte zahlreiche verschiedene Nationalitäten, zum Beispiel Deutschösterreicher, Ungarn, Tschechen, Slowaken, Slowenen, Polen, Rumänen, Italiener und Polen. Die einende Klammer des Reiches bildete über lange Jahrhunderte hinweg das übernationale katholische Kaisertum, personifiziert im Haus Habsburg. Die seit der zweiten Hälfte des 19. Jahrhunderts immer stärker werdenden Spannungen zwischen den einzelnen Völkerschaften höhlten jedoch die Reichsidee innerlich aus und bereiteten den Zusammenbruch des Reichs im Zuge des Ersten Weltkriegs (1914–1918) vor.

jedoch erst mit 14 Jahren den ersten deutschen Satz. Gerade diese Konfrontation mit so vielen Idiomen[1] mag sehr früh schon zu einer geschärften Sensibilität für feinste Nuancierungen eines Gesprächs geführt haben, für die dabei möglichen Missverständnisse und Verstellungen. Im einfachen und oft abgehackten Satzbau seines dramatischen Werks ergibt sich später eine Dichte und Subtilität des Dialogs, die oft mit Schnitzler[2] und mit Cechov[3] verglichen wird.

Den Zusammenbruch der Monarchie begreift Horváth zwar als entscheidendes historisches Ereignis, nicht jedoch als individuellen Schicksalsschlag. Das zynisch-sachliche Lebensgefühl dieser ‚Nachkriegsgeneration' wird in der *Autobiografischen Notiz* deutlich. Als 1919 in Ungarn unter Belá Kuhn die Räteverfassung[4] eingeführt wird, wird Horváths Vater zunächst unter Hausarrest gestellt und verlässt schließlich Budapest in Richtung Bayern. Im Sommer besucht Ödön die Abschlussklasse im „Konzessionierten Institut Vrtel", einem privaten Realgymnasium in Wien. Während dieser Zeit lebt er bei seinem Onkel in der Piaristengasse 62. Bei späteren Aufenthalten (1920 und 1931) wohnt er in der in einer Parallelgasse gelegenen Pension Zipser. Wenige Schritte davon entfernt, Lange Gasse 49, befinden sich jene Häuser in einer *„stillen Straße im achten Bezirk",* die als Anregung für den zentralen Schauplatz in den *Geschichten* dienten.

Nach dem Abitur zieht er zu seinen Eltern nach München und belegt an der Ludwig-Maximilian-Universität fünf Semester lang literatur- und theaterwissenschaftliche Vorlesungen und Übungen. Er kennt demnach bei seinen ersten Schreibversuchen die Gestaltungsmöglichkeiten sowohl der älteren als auch der zeitgenössischen dramatischen Literatur.

---

[1] Sprechweise bzw. Dialekt einer bestimmten gesellschaftlichen Gruppe

[2] Schnitzler, Arthur: österreichischer Schriftsteller (1862–1931)

[3] Anton Pavlovč Čechov: russischer Schriftsteller (1860–1904)

[4] Gemeint ist hier die 1919 unter Führung Béla Kuhns (1886–1939) betriebene kommunistische Revolution in Ungarn.

1924 fasst er den Entschluss, sich in Berlin niederzulassen, was für den „Inhalt seiner Stücke aus mehrfachen Gründen von entscheidender Bedeutung" ist. Berlin bietet ihm die Möglichkeit, als Schriftsteller zu leben, befreit ihn vor dem „Stillstand", vor der „Gefahr des Romantischwerdens", wie 5 es in der autobiografischen Skizze *Flucht aus der Stille* heißt. Er will das „Werden eines neuen gesellschaftlichen Bewusstseins" erleben. Das Berlin der Zwanziger Jahre, Deutschlands „einzige Zitadelle der Aufklärung" (Helmut Plessner), ist hierfür der geeignete Ort. *Revolte auf Côte 3018,* schon 10 1927 in Hamburg uraufgeführt, wird umgearbeitet und unter dem neuen Titel *Die Bergbahn* 1929 in Berlin inszeniert. Rückschauend wird es vom Autor als sein „erstes" Stück bezeichnet. Es folgen *Sladek* (1929) und *Die Italienische Nacht* (1931). 15

1931 ehrt Carl Zuckmayer[1], der für die Vergabe des Kleist-Preises zuständig ist, den jungen Dramatiker mit einem der bedeutendsten Literaturpreise des deutschen Sprachraums. Horváth sei unter den Nachwuchsdramatikern die „stärkste Begabung", der „hellste Kopf und die prägnanteste Persön- 20 lichkeit", so begründet Zuckmayer seine Entscheidung, dem Verfasser der *Italienischen Nacht* und anderer Stücke den Preis zuzuerkennen. Aggressive Angriffe auf die Preisvergabe erfolgen seitens der Presse der Rechten, die sich in der Darstellung der illegalen Wehrverbände im *Sladek* sowie der 25 rechten Rabauken in der *Italienischen Nacht* entlarvt sehen. In der „Neuen Preußischen Kronenzeitung" ist etwa zu lesen: „Die Würde des Kleist-Preises hat durch solche Komödie der Urteilskraft schwer gelitten. [...] Der Kunstverstand [...] ist zum Teufel". 30

Am 2. November 1931 findet am Deutschen Theater Berlin in Heinz Hilperts Inszenierung die Uraufführung der *Geschichten* statt: mir Carola Neher (Marianne), Hans Moser (Zauberkönig), Peter Lorre (Alfred), Paul Hörbiger (Rittmeister). Das Stück wird insgesamt sechsunddreißig Mal 35 gespielt. Als Horváth bei der Premiere den ‚Großkritiker' Alfred Kerr erblickt, hat er furchtbare Angst, die sich erst legt, als sich der Erfolg der Aufführung abzuzeichnen beginnt.

---

[1] Carl Zuckmayer, deutscher Schriftsteller (1896–1977)

Die überwiegend positive Aufnahme durch die renommier-
testen zeitgenössischen Kritiker (Alfred Kerr, Herbert Ihe-
ring, Alfred Polgar) bedeutet für den Autor den endgültigen
Durchbruch. Unflätig und drohend angefeindet wird er wie-
5 der von der völkischen Presse.
Als „Sauherdenton" bezeichnet Horváth die Art, in der von
einer „gewissen" Presse „dahergeschrieben" wird. Die auf-
gebrachten Rechtskreise versuchen sogar, die österreichische Botschaft in Berlin zu einer Intervention gegen wei-
10 tere Aufführungen des Stücks zu mobilisieren. Doch
österreichischerseits nimmt man's gelassen, bezeichnet gar
das Stück als ‚harmlose' Satire. Das ist es natürlich nicht,
aber ‚diplomatisch' war die Reaktion jedenfalls.
In den Jahren nach 1932 hat Horváth zunehmend Schwie-
15 rigkeiten, seine Stücke aufführen zu lassen. Die am Hambur-
ger Thalia-Theater für die Spielzeit 1932/33 geplante Inszenierung der *Geschichten* kommt nicht mehr zustande. Nach
Hitlers Machtergreifung werden die Proben für *Glaube Liebe
Hoffnung* untersagt. Horváth kommt vorübergehend in
20 Schutzhaft, flieht nach Wien und nach Henndorf (Salzburg).
Der Jüngste Tag (1937) wird als sein letztes Stück an einer
Provinzbühne in Mährisch-Ostrau uraufgeführt. Nach dem
‚Anschluss' Österreichs an das Deutsche Reich (März 1938)
muss er erneut flüchten. Über Budapest, Prag, Triest, Zü-
25 rich, Amsterdam erreicht er Paris, das nur als Durchgangs-
station in die USA gedacht war.
Horváths kurze Mitgliedschaft im nationalsozialistischen
„Reichsverband Deutscher Schriftsteller" (erst 1980 bekannt geworden) entspringt kaum seiner Sehnsucht, ‚künst-
30 lerisch und politisch' von den Nazis angenommen zu werden
(wie behauptet wurde), sondern ist wohl als „Akt der Ver-
zweiflung" zu sehen, sie beruht auf einer „Fehleinschätzung".
Reue und Schuldgefühl wegen seines Fehltritts führen zur
Verwerfung eines Teils des bisherigen Schaffens und im Spät-
35 werk (1933 – 1937) zur Neuorientierung an religiös-meta-
physischer Thematik. Sein antifaschistischer Roman *Jugend
ohne Gott* (1937 in einem Exilverlag erschienen) wird von
der Gestapo verboten. Für den Dichter besteht höchste
Gefahr, auch wenn es für ihn keine abrupte Emigration gibt,
40 sondern eine auf Raten.

Am 1. Juni 1938 wird Horváth in der Nähe der Champs
Élysées vom herabfallenden Ast eines Baumes erschlagen.
Auf einer Zigarettenschachtel hatte er folgendes Gedicht
notiert:

Und die Leite werden sagen 5
In fernen blauen Tagen
Wird es einmal recht
Was falsch ist und was echt

Was falsch ist, wird verkommen
Obwohl es heut regiert. 10
Was echt ist, das soll kommen –
Obwohl es heut krepiert.

Horváths tragischer Tod hat den misslichen Topos[1] vom
‚Unvollendet' gefördert, der in der Rezeption unmittelbar
nach dem Zweiten Weltkrieg eine gewisse Rolle spielte. 15

Aus: Hobek, Friedrich: Ödön von Horváth. Geschichten aus dem Wienerwald.
Grundlagen und Gedanken, 2. Aufl. Frankfurt a. Main 1999, S. 7 – 9

---

[1] feste, etablierte Vorstellung

Handschriftlicher Entwurf Horváths zu den „Geschichten aus dem Wiener Wald"

2. „Krise und Wirbel": Die historische Situation in Österreich

Das Drama zeigt kaum direkte Bezüge auf die zeitgeschichtliche Situation in Österreich um 1930. Aber die prekäre volkswirtschaftliche Lage und die daraus resultierende politische Instabilität bilden dennoch den allgegenwärtigen Hintergrund für das Leben, Denken und Handeln der dramatischen Figuren.

Im Zeitraum, in dem das Stück entstand (1928–1931), stieg in Österreich die Arbeitslosenrate kontinuierlich an: 8,8 % im Jahr 1929 bis zum Höhepunkt im Jahr 1933 mit 26,0 %. Arbeitslosigkeit und Lohnabbau hatten einen dramatischen Rückgang der Konsumnachfrage zur Folge. Dies führte zu Einkommenseinbußen bei den Selbstständigen. Im Jahr 1929 betrug die Zahl der Konkurse und Ausgleiche 581 bzw. 1986. Im Jahr 1932 stieg sie auf fast 1100 bzw. 4500 an. Der größte Teil der Geschäftsauflösungen (über 80 %) entfiel auf den Handel, das Handwerk und die Kleinbauern.

Am 8. Mai 1931 drohte die Österreichische Credit-Anstalt, die größte österreichische Bank, zusammenzubrechen, worauf gleich zu Beginn des Stückes mit dem höchst aktuellen Wort „Krise" angespielt wird. „Wirbel" ist ein Hinweis auf die zahlreichen Regierungsumbildungen Ende der Zwanzigerjahre.

Die ökonomische Verunsicherung des Mittelstandes bildete den Nährboden für die politische Radikalisierung, aus welcher zuerst der Austrofaschismus[1] seinen Nutzen zog, indem er die Schaffung eines „Ständestaates" verhieß, in dem jedem sein angeblich angestammter und sicherer Platz wieder zukommen sollte. Eine Lösung der Wirtschaftsprobleme konnte dem Austrofaschismus nicht gelingen, nicht nur wegen seines Festhaltens an der Hartwährungspolitik *und* seiner ideologisch motivierten Ablehnung der organisierten

---

[1] Der Austrofaschismus (= österreichischer Faschismus) errichtete unter Führung von Engelbert Dollfuß (1892–1934) seit dem Jahr 1933 ein autoritäres Herrschaftssystem, das bis zur Machtübernahme der Nationalsozialisten im Zuge des „Anschlusses" Österreichs an das Deutsche Reich im März 1938 Bestand hatte.

Arbeiterschaft, des ‚Klassenfeindes' (wobei Arbeitslosigkeit als selbstverschuldet gesehen wurde und deshalb laufend Gesetze für Kürzungen der Unterstützungen beschlossen wurden). Die nationalsozialistische Propaganda versprach
5 dann – unter Hinweis auf die Konjunktur in Deutschland – Arbeit und Brot. Und viele Österreicher schenkten dieser Propaganda Glauben – enttäuschte Anhänger des „Ständestaats", aber auch Teile der organisierten Arbeiterschaft.

Aus: Hobek, Friedrich: Ödön von Horváth. Geschichten aus dem Wienerwald. Grundlagen und Gedanken, 2. Aufl. Frankfurt a. Main 1999, S. 9 – 10

3. Eine Nacherzählung: Peter Handkes „Totenstille beim Heurigen"

Der österreichische Schriftsteller Peter Handke (geb. 1942) verfasste eine erstmals im Jahre 1970 erschienene Nacherzählung der „Geschichten aus dem Wiener Wald".   5

Peter Handke: Totenstille beim Heurigen. Eine Nacherzählung

Draußen in der Wachau, vor einem Häuschen am Fuße einer Burgruine, in der Nähe der schönen blauen Donau, während in der Luft ein Singen und Klingen ist, als verklänge irgendwo 10 immer wieder der Walzer „Geschichten aus dem Wiener Wald" von Johann Strauß, sitzt Alfred, von dem man nur den Vornamen kennt, auf Besuch bei seiner Mutter, die ihm tief in die Augen schaut, und verzehrt mit gesegnetem Appetit Brot, Butter und saure Milch. In einer halben Stunde, 15 sagt er, werde ihn sein Freund, der Hierlinger Ferdinand, abholen. Schon? fragt die Mutter. Leider! Antwortet Alfred. „Dann iß bitte nicht die ganze saure Milch zusammen", sagt die Mutter.

Alfred ist nicht mehr bei der Bank, weil das keine Entfal- 20 tungsmöglichkeiten bietet. Er hat sich selbstständig gemacht: Finanzierungsgeschäfte und so –. Als er das sagt, verschluckt er sich und hustet stark. „Jetzt wär ich aber fast erstickt", sagt er. Stille. „Apropos ersticken: wo steckt denn die liebe Großmutter?" fragt Alfred.   25

Die Großmutter sitzt in der Küche und betet; denn sie leidet an Angst. Jetzt tritt sie mit einer Schale saurer Milch aus dem Haus und schreit: „Frieda! Frieda!" Der Enkel hat ihr die saure Milch gestohlen. Er streckt ihr die Zunge heraus. Auch sie streckt ihm die Zunge heraus: „Bäääh!" Stille. Plötz- 30 lich schüttet sie die Schale aus, und da kommt auch schon der Hierlinger Ferdinand mit Valerie, einer Fünfzigerin im Autodreß, und Alfred macht die beiden mit seiner Mutter und seiner lieben Großmutter bekannt.

Während die Mutter dem Hierlinger Ferdinand die Burgruine zeigt, haben Alfred und Valerie eine Auseinandersetzung. Er hat sie um Geld betrogen, das sie ihm für Rennwetten gegeben hat. Die Großmutter sitzt daneben und horcht, 5 hört aber nichts. „Du wirst mir jetzt geben, was mir gebührt", sagt Valerie. „Siebenundzwanzig Schilling. S'il vous plaît!" Alfred gibt ihr das Geld: „Voila!" „Merci!" sagt Valerie und zählt nach.

Sie streiten. Plötzlich küßt Valerie seine Hand. „Nein, nicht 10 so – –", sagt Alfred. Der Hierlinger Ferdinand schreit vom Turm herunter, es sei wunderschön dort oben. Alfred ruft zurück, fixiert dann Valerie: „Was? Du weinst?" Weinerlich antwortet Valerie: „Aber keine Idee – –"

In einer stillen Straße im achten Bezirk steht Oskar vor 15 seiner gediegenen Fleischhauerei und maniküürt sich die Fingernägel, während er ab und zu einer Realschülerin zuhört, die im zweiten Stock auf einem ausgeleierten Klavier die „Geschichten aus dem Wiener Wald" von Johann Strauß spielt. Der Gehilfe Havlitschek tritt aus dem Laden, frißt eine 20 Wurst und ist wütend; ein kleines mageres Mädchen hat nämlich seine Blutwurst getadelt; am liebsten würde er es abstechen. Oskar lächelt: „Wirklich?" Ein pensionierter Rittmeister kommt vorbei und lobt die Blutwurst. Dann geht er nebenan zu Valeries Tabak-Trafik und erkundigt sich nach 25 der Ziehungsliste. Valerie fragt ihn schadenfroh, was er denn gewonnen hätte. „Ich hab überhaupt noch nie was gewonnen, liebe Frau Valerie", antwortet der Rittmeister.

Nebenan erscheint der Zauberkönig, der mit Scherzartikeln, Totenköpfen usw. handelt, auf seinem Balkon und ruft zu 30 seiner Tochter Marianne hinunter auf die Straße, wo seine Sockenhalter seien; er will zur Totenmesse für Oskars Mutter; Oskar soll sein Schwiegersohn werden. Marianne geht in den Laden, um die Sockenhalter zu suchen, auch jetzt spielt die Realschülerin, die vorher aufgehört hatte zu spie- 35 len, wieder weiter: den Walzer „Über den Wellen". Marianne findet die Sockenhalter unter der Schmutzwäsche. „Na so was!" sagt der Vater und kneift sie in die Wange.

Oskar sagt zu Marianne: „Ein Bussi, Marianne, ein Vormittagsbussi – –" Marianne gibt ihm einen Kuß, und er beißt 40 sie. „Daß du mir immer weh tun mußt", sagt Marianne.

Stille. „Böse?" fragt Oskar. Stille. „Manchmal glaub ich schon,
dass du es dir hersehnst, daß ich ein böser Mensch sein soll
— — ", antwortet Marianne. „Ich weiß, daß du mich verachtest", sagt Oskar. „Was fällt dir ein, du Idiot!" Stille. Oskar
möchte ihr die Gehirnschale herunternehmen und nach- 5
kontrollieren, ob sie ihn liebt. „Aber das kannst du nicht",
sagt Marianne.
Oskar und der Schwiegervater in spe gehen zur Totenmesse, und Marianne arrangiert die Auslage. Alfred kommt her-
bei, erblickt Marianne, hält an und betrachtet sie. Sie dreht 10
sich um, erblickt ihn und ist fast fasziniert. Plötzlich erschrickt sie und läßt rasch den Sonnenvorhang hinter der
Fensterscheibe herab – und der Walzer bricht wieder ab,
nun im Takt.
Valerie hat von ihrer Trafik aus alles beobachtet. „Und an so 15
was hängt man sein Leben", sagt sie, weniger zu Alfred.
Er krault sie am Kinn. Sie schlägt ihn auf die Hand. Stille. Sie
streiten wieder, und er geht weg. Sie sieht ihm nach: „Außenseiter. Luder. Bestie. Zuhälter. Mistvieh — —"
Am nächsten Sonntag machen der Zauberkönig und Marian- 20
ne, Oskar, Valerie, Alfred, einige entfernte Verwandte, unter
ihnen Erich aus Kassel in Preußen, und kleine weißgekleide-
te häßliche Kinder einen gemeinsamen Ausflug in den Wiener Wald. Man fotografiert sich mit einem Selbstauslöser,
stellt sich zu einer malerischen Gruppe zusammen und löst 25
sich dann allmählich wieder auf. Valerie ist ungehalten, weil
Alfred mitgekommen ist. Oskar fotografiert die Kinder allein. „Ein Kindernarr!" sagt eine Tante zu Marianne. Alfred
wird vom Zauberkönig dem Neffen aus Kassel vorgestellt:
„Herr von Zentner!" sagt der Zauberkönig. Erich, mit Brot- 30
beutel und Feldflasche am Gürtel, sagt: „Sehr erfreut!" Marianne erzählt Alfred, sie habe einmal rhythmische Gymnastik studieren wollen, aber ihr Vater halte die finanzielle
Unabhängigkeit der Frau vom Mann für den letzten Schritt
zum Bolschewismus. „Auch die finanzielle Abhängigkeit des 35
Mannes von der Frau führt zu nichts Gutem", antwortet
Alfred. „Das sind halt so Naturgesetze." „Das glaub ich
nicht", antwortet Marianne. Plötzlich sagt sie, daß es, in
Bezug auf Oskar, gar nicht das sei, was man so Liebe nenne.
Oskar kommt herzu und führt sie weg zu einer schönen 40

alten Baumgruppe, wo sich die ganze Gesellschaft bereits zum Picknick gelagert hat.

Der Zauberkönig gibt in einer Rede die Verlobung bekannt. Alle gratulieren. „Heil!" sagt Erich aus Kassel. Dann lagern
5 sich alle im Wald, Oskar singt und summt zur Laute und alle summen mit, außer Alfred und Marianne; Alfred nähert sich nämlich Marianne. Sie schließt die Augen, und er küßt ihr lang die Hand. Oskar beobachtet das, und Alfred entfernt sich. „Er beneidet mich um dich −− ein geschmackloser
10 Mensch", sagt Oskar. „Wer ist denn das überhaupt?" „Ein Kunde", antwortet Marianne.

Es wird ein Pfänderspiel gespielt, und Oskar soll etwas demonstrieren. Er stürzt sich plötzlich auf Marianne und demonstriert an ihr seine Jiu-Jitsu-Griffe. Marianne fällt zu
15 Boden und schreit.

Später gehen alle baden. Während die Trafikantin sich hinter einem Gebüsch das Badetrikot anzieht, riecht vor dem Busch der Zauberkönig an ihrem Korsett. Valerie kommt zurück, und sie reden. Plötzlich wirft sich der Zauberkönig
20 über sie und küßt sie. Valerie ruft: „Halt, da kommt wer!", und sie kugeln auseinander.

Erich aus Kassel tritt auf mit einem Luftdruckgewehr, und der Zauberkönig geht sich abkühlen in der schönen blauen Donau. Die Trafikantin und Erich kommen einander näher.
25 „Wo wohnen Sie denn?" fragt Valerie. „Ich möchte gerne ausziehen", antwortet Erich. „Ich hätt ein möbliertes Zimmer", sagt Valerie. „Preiswert?" − „Geschenkt!" − „Das trifft sich ja famos!" Er will sie schießen lassen, aber sie läßt das Gewehr sinken. Es dämmert schon. Sie umarmt ihn, und er
30 lässt sich umarmen.

An der schönen blauen Donau steht Alfred und blickt verträumt in der Dämmerung auf das andere Ufer. Marianne steigt aus dem Fluß und erkennt Alfred. Stille. Sie reden über die Natur, dann über die Natur der Menschen. „Keiner darf,
35 wie er will", sagt Alfred. „Und keiner will, wie er darf", antwortet sie. Schließlich umarmt sie Alfred mit großer Gebärde, und sie wehrt sich mit keiner Faser. Alfred fragt sie, ob sie ihn vernünftig liebt; denn für Unüberlegtheiten kann er keine Verantwortung übernehmen. Marianne aber
40 weiß jetzt, daß sie Oskar nicht heiraten wird. „Lieben ja",

sagt Alfred darauf, „aber dadurch zwei Menschen auseinanderbringen —— nein!" Jetzt fühlt sich Marianne doppelt zu ihm gehörig.

Der Zauberkönig hat alles mitangehört. Oskar erscheint und überblickt die Situation. Sie wirft ihm den Verlobungsring ins Gesicht. „Das einzige Kind!" sagt der Zauberkönig: „Das werd ich mir merken!" Oskar tritt zu Marianne und sagt: „Ich werde dich auch noch weiter lieben, du entgehst mir nicht, und ich danke dir für alles."

In der stillen Straße im achten Bezirk scheint die Sonne ein Jahr später wie dazumal, und auch die Realschülerin im zweiten Stock spielt noch immer die „Geschichten aus dem Wiener Wald" von Johann Strauß. Oskar tritt aus seiner Fleischhauerei und sagt zu seinem Gehilfen Havlitschek: „Wir müssen heut noch die Sau abstechen. —— Stichs du, ich hab heut keinen Spaß daran."

In einem möblierten Zimmer im achtzehnten Bezirk liegt Alfred um sieben Uhr morgens noch im Bett und raucht, während Marianne sich schon die Zähne putzt. In der Ecke steht ein Kinderwagen. Alfred ist Vertreter für eine Hautcreme, die in der wirtschaftlichen Krise niemand kauft. Jetzt sucht er seine Sockenhalter. Marianne schaut ihn groß an und fragt: „Weißt du, was das heut für ein Datum ist?" Heute vor einem Jahr hat sie ihn zum ersten Mal gesehen. Er hatte an die Auslage geklopft, die sie gerade arrangierte, und da ließ sie plötzlich die Rouleaus herunter, weil es ihr plötzlich unheimlich geworden war. „Stimmt", sagt Alfred. Marianne sagt: „Ich war viel allein ——." Sie weint.

In einem kleinen Café im zweiten Bezirk spielt Alfred Billard mit dem Hierlinger Ferdinand. Marianne kommt dazu und blättert an einem Tisch in Modejournalen, während Alfred seine Partie zu Ende spielt. Der Hierlinger Ferdinand sagt: „Ich hab sie mir eigentlich anders vorgestellt." „Wieso?" fragt Alfred. „Etwas molliger", sagt der Hierlinger Ferdinand. „Noch molliger?" „Ich weiß nicht, warum", sagt der Hierlinger Ferdinand. „Man macht sich ja unwillkürlich so Vorstellungen." Er will Alfred helfen und verspricht ihm, da zum Glück das Kind bei der Mutter in der Wachau ist, Marianne mit einer Baronin bekannt zu machen, die Ballette für elegante Etablissements zusammenstellt.

Als er gegangen ist, setzt sich Alfred an Mariannes Tisch. Er bemerkt ein Amulett mit dem heiligen Antonius an ihrem Hals. „Seit wann denn?" fragt er. „Als ich noch klein gewesen bin, und wenn ich etwas verloren hab", antwortet Marianne, „dann hab ich nur gesagt: Heiliger Antonius, hilf mir doch! – – Und schon hab ich es wiedergefunden."

„War das jetzt symbolisch?" fragt Alfred. „Es war nur so überhaupt", antwortet Marianne.

Draußen in der Wachau scheint die Sonne wie dazumal – nur daß nun vor dem Häuschen ein alter Kinderwagen steht. Alfred ist zu Besuch und will von der Großmutter Geld leihen. Sie sagt: „Keinen Kreuzer! Keinen Kreuzer!" „Du alte Hex", sagt Alfred. Stille. Die Großmutter nähert sich ihm langsam und kneift ihn in den Arm. Alfred lächelt: „Wie bitte?" Sie kneift ihn wieder, und er schüttelt sie ab, da er nun tatsächlich was spürt. Die Großmutter weint vor Wut. Alfred lacht. Sie versetzt ihm einen Hieb mit ihrem Krückstock. „Au!" sagt Alfred. Stille. Die Großmutter grinst befriedigt.

Sie sieht, daß ihm ein Knopf hängt. „Wie kann man sich nur mit so einer schlamperten Weibsperson –", sagt sie. Sie näht ihm den Knopf an.

Sie sagt: „Du Alfred. Wenn du dich jetzt von deinem Mariannderl trennst, dann tät ich dir was leihen – „.

Stille. „Wieso?" fragt Alfred.

In der stillen Straße im achten Bezirk will eine gnädige Frau für ihren Sohn beim Zauberkönig eine Schachtel Zinnsoldaten nachbestellen. Dem Zauberkönig ist das zu umständlich, und die gnädige Frau geht verärgert weg. „Küß die Hand! Krepier!" sagt der Zauberkönig.

Nebenan will Erich aus Kassel mit fünf Zigaretten aus der Trafik verschwinden. Valerie stellt ihn zur Rede. Er sagt, er werde seine Schulden rückerstatten, und wenn er auch hundert Jahre zahlen müsste. „Ehrensache." Valerie starrt ihm nach: „Ehrensache. Bestie."

Alfred erscheint bei Valerie und versucht vergeblich, sich zu versöhnen. Oskar beobachtet ihn heimlich, bis er verschwindet. Dann sagt er zu Valerie: „Ich hab sie noch immer lieb – – vielleicht stirbt das Kind – –." „Herr Oskar!" sagt Valerie.

„Wer weiß!" sagt Oskar: „Gottes Mühlen mahlen langsam,

mahlen aber furchtbar klein. Ich werd an meine Mariann denken – ich nehme jedes Leid auf mich, wen Gott liebt, den prüft er – – den straft er, den züchtigt er. Auf glühendem Rost, in kochendem Blei – –." „Der Gehilfe Havlitschek kommt aus der Fleischhauerei: „Also, was ist jetzt? Soll ich ₅ jetzt die Sau abstechen oder nicht?" „Nein, Havlitschek", antwortet Oskar. „Ich werd sie jetzt schon selber abstechen, die Sau."

Und die ganze Zeit spielt die Realschülerin im zweiten Stock Walzer auf dem Klavier und bricht immer wieder ab, mitten ₁₀ im Takt.

Im Stephansdom, vor einem Seitenaltar des heiligen Antonius, will Marianne beichten. Weil sie aber nicht bereut, daß sie ihr Kind im Zustand der Todsünde empfangen hat, verweigert ihr der Beichtvater die Absolution. Sie sagt: „Lieber ₁₅ Gott, ich bin im achten Bezirk geboren und hab die Bürgerschule besucht, ich bin kein schlechter Mensch – – hörst du mich? – – Was hast du mit mir vor, lieber Gott?"

Beim Heurigen, mit Schrammelmusik und Blütenregen, herrscht große weinselige Stimmung – und mittendrin der ₂₀ Zauberkönig, Valerie und Erich. Alles singt:

„Es wird ein Wein sein,
Und wir werden nimmer sein,
Es wird schöne Madeln geben
Und wir werden nimmer leben – –."   ₂₅

Jetzt wirds einen Augenblick totenstill beim Heurigen – aber dann singt wieder alles mit verdreifachter Kraft.

Erich bringt ein Heil auf den Heurigen an und verschüttet seinen Wein auf Valerie. „Hat er dich naß gemacht?" fragt der Zauberkönig. „Bis auf die Haut", antwortet Valerie. „Bis ₃₀ auf deine Haut –", sagt der Zauberkönig.

Der Rittmeister erscheint und feiert mit. Mit ihm ist ein Jugendfreund seines in Sibirien vermißten Bruders gekommen, ein Amerikaner, der aus Wien ausgewandert ist. Der Zauberkönig verfällt in wehmütigen Stumpfsinn. „Wo steckt ₃₅ denn die Mariann?" fragt Valerie. Der Rittmeister lächelt geheimnisvoll. Der Mister aus Amerika summt: „Donau so blau, so blau, so blau – –." Alle summen mit und wiegen sich auf den Sitzgelegenheiten.

Es fängt zu regnen an, und der Mister schlägt vor, ins Moulin-
bleu zu gehen. „Halt!" sagt der Rittmeister. „Nicht ins Moulin-bleu, liebe Leute! Dann schon eher ins Maxim!" Und
wieder wird es einen Augenblick totenstill.

5 Im Maxim nehmen alle in aufgeräumtester Stimmung an den
Tischen Platz. Das Tischtelefon klingelt. Der Zauberkönig
nimmt ab: „Ja, hallo? – – Wie? Wer spricht? – – Was soll ich?
A du Schweinderl, du herziges –"
Während er mit dem Rittmeister zur Bar geht, sprechen

10 Valerie und der Mister über ihn: „Diese Sorte stirbt nämlich
aus", sagt Valerie. „Leider", sagt der Mister.
„Heut ist er ja leider besoffen", sagt Valerie. „Wie Sie das
wieder sagen!" sagt der Mister. „Was für ein Charme! Bei
uns in Amerika ist halt alles brutaler." Valerie fragt: „Was

15 wiegen Sie?"
Drei nackte Mädchen stehen auf der Bühne, die erste mit
einem Propeller, die zweite mit einem Globus, die dritte mit
einem kleinen Zeppelin – das Publikum rast vor Beifall,
schnellt von den Sitzen in die Höhe und singt die erste

20 Strophe des Deutschlandliedes, worauf es sich wieder beruhigt.
Eine Gruppe nackter Mädchen, die sich gegenseitig niedertreten, versucht einer goldenen Kugel nachzurennen, auf
dem Marianne unbekleidet auf einem Bein steht. Valerie

25 schreit gellend im finsteren Zuschauerraum, und Marianne
erschrickt auf ihrer Kugel und muß herunter. Valerie schreit
weiter: „Marianne!" Der Mister boxt ihr in die Brust und
sagt: „Kusch!"
Die Herrschaften räumen allmählich das Lokal. Der Mister

30 ist jetzt allein mit dem Zauberkönig. „Ich bin in einer Untergangsstimmung, Herr Mister", sagt der Zauberkönig. „Jetzt
möcht ich Ansichtskarten schreiben, damit die Leute vor
Neid zerplatzen, wenn sie durch mich selbst erfahren, wie
gut daß es mir geht!" Der Mister kauft darauf einer Verkäu-

35 ferin einen ganzen Stoß Ansichtskarten ab, setzt sich dann
abseits und schreibt.
Marianne kommt im Bademantel herein. „Ja schämst du dich
denn gar nicht mehr?" sagt der Zauberkönig. „Nein, das kann
ich mir nicht leisten, daß ich mich schäm", sagt Marianne.

Sie sagt, ihr bleibe nur der Zug. „Was für ein Zug?" fragt der Zauberkönig. „Der Zug. Mit dem man wegfahren kann", antwortet Marianne.

Allein mit dem Mister, fragt sie dieser um Briefmarken und bietet ihr fünfundsechzig Schilling an. „Zeigen Sie", sagt Marianne. Er reicht ihr die Brieftasche. Sie gibt ihm die Brieftasche zurück und sagt: „Nein, Danke." Der Mister packt sie plötzlich am Handgelenk und brüllt: „Hand aufmachen – auf!" Marianne hat hundert Schilling darin.

Draußen in der Wachau sitzt Alfred mit seiner Großmutter vor dem Häuschen in der Abendsonne, und unweit steht der Kinderwagen. Sie sind schon mitten im Reden, und die Großmutter wirft Alfred vor, daß er ihr Geld vertan hat. „Willst mir also nicht verzeihen?" fragt Alfred. „Häng dich auf!" sagt die Großmutter. Beide strecken einander die Zunge heraus. Stille. Alfred lüftet den Strohhut und geht weg.

Die Mutter kommt aus dem Haus und beugt sich über das Kind, das hustet und einen ganz anderen Blick hat. „Für manche wärs schon besser, wenns hin wären", sagt die Großmutter. „Möchtest du denn schon hin sein?" fragt die Mutter. Die Großmutter kreischt: „Vergleich mich nicht mit dem dort!" und deutet auf den Kinderwagen. Sie spielt wütend auf ihrer Zither ein Menuett.

Die Mutter hat gesehen, dass sie in der Nacht das Bett mit dem Kind in den Zug gestellt hat. Die Großmutter kreischt: „Das hast du geträumt!" Die Mutter sagt: „Nein, das hab ich nicht geträumt. Und wenn du zerspringst!"

In der stillen Straße im achten Bezirk sagen sich Erich aus Kassel und Valerie Lebewohl, während die Realschülerin wieder den Walzer abbricht, mitten im Takt. „Altes fünfzigjähriges Stück Scheiße – –", sagt Erich, als er allein ist. Nebenan hat sich Alfred mit Oskar versöhnt. „Ihnen hab ich nie etwas Böses gewünscht", sagt Oskar, „– – während die Mariann – –." Er lächelt.

Der Zauberkönig spricht mit Valerie über den Krieg, während er eine Zeitung durchblättert: „Krieg ist ein Naturgesetz! Akkurat wie die liebe Konkurrenz im geschäftlichen Leben!"

Valerie will ihn mit Marianne aussöhnen. „Wenn ich Großpapa wäre – –", sagt sie. „Ich bin aber kein Großpapa!" unterbricht sie der Zauberkönig. Er faßt sich ans Herz, und der Walzer bricht ab. „Versöhn dich doch lieber, du alter Trottel", sagt Valerie. Der Zauberkönig will sich versöhnen. Valerie grinst befriedigt und steckt sich eine Zigarette an.

5 Nun versöhnt Oskar Alfred mit Valerie. „Ich brauch immer jemand, für den ich sorgen kann und muß", sagt Alfred zu ihr, „sonst verkomm ich sofort. Für die Mariann konnt ich aber nicht sorgen, das war mein spezielles Pech −−" „Was würdest du denn tun, wenn ich dir jetzt fünfzig Schilling leihen
10 würde?" fragt ihn Valerie.

Marianne kommt rasch und erschrickt. „Halt! Dageblieben!" sagt Valerie. „Jetzt wird versöhnt und basta!" Oskar sagt: „Mariann! Ich verzeih dir gern alles, was du mir angetan hast −− denn lieben bereitet mehr Glück als geliebt werden −−"
15 „Mariann! Hier wird jetzt versöhnt!" sagt Valerie. „Aber nicht mit dem!" sagt Marianne und deutet auf Alfred. „Alles oder nichts!" sagt Valerie. „Auch das ist doch nur ein Mensch!" „Mich hat man aber eingesperrt", sagt Marianne. „Die Polizei trägt allerdings keine Glacéhandschuhe", ant-
20 wortet Oskar. „Waren es wenigstens weibliche Kriminalbeamte?" fragt Valerie. Marianne antwortet: „Teils". Valerie: „Na also!"

Draußen in der Wachau sitzt die Großmutter in der Sonne, und die Mutter schält Erdäpfel. Der Kinderwagen ist nir-
25 gends zu sehen. Die Großmutter diktiert jetzt der Mutter einen Brief: „Wertes Fräulein! Leider müssen wir Ihnen eine für Sie recht traurige Mitteilung machen ..."

Marianne kommt mit dem Zauberkönig, Valerie, Oskar und Alfred, denen sie etwas vorausgeeilt ist. Marianne wird es
30 plötzlich unheimlich. Die Großmutter reicht ihr den Brief. Marianne nimmt ihr mechanisch den Brief ab und sieht sich scheu um. Sie liest. Der Zauberkönig hält ein Kinderspielzeug in der Hand und läutet damit: „Der Opapa ist da, der Opapa!" Marianne läßt den Brief fallen. Stille.

35 Valerie hebt den Brief auf und liest. Jetzt schreit sie: „Maria! Tot ist er! Hin ist er, der kleine Leopold!" Sie schluchzt. Alfred schließt sie automatisch in seine Arme.

Die Großmutter hebt neugierig das Spielzeug auf, das dem Zauberkönig entfallen ist, und läutet damit. Marianne stürzt
40 sich plötzlich lautlos auf sie und will sie mit der Zither er-

schlagen. Oskar drückt Marianne die Kehle zu. Marianne röchelt und lässt die Zither fallen.

Marianne sagt: „Ich hab mal Gott gefragt, was er mit mir vorhat. – Er hat es mir aber nicht gesagt, sonst wär ich nämlich nicht mehr da ––. Er hat mir überhaupt nichts gesagt ––. Er hat mich überraschen wollen ––. Pfui!"

Oskar sagt: „Mariann! Ich hab dir mal gesagt, daß ich es dir nie wünsch, daß du das durchmachen sollst, was du mir angetan hast – und trotzdem hat dir Gott Menschen gelassen – die dich trotzdem lieben – und jetzt, nachdem sich alles so eingerenkt hat –. Ich hab dir mal gesagt, Mariann, du wirst meiner Liebe nicht entgehn –."

Oskar gibt ihr einen Kuß auf den Mund und geht langsam mir ihr weg, während in der Luft ein Klingen und Singen ist, als spielte ein himmlisches Streichorchester die „Geschichten aus dem Wiener Wald" von Johann Strauß.

Aus:Traugott Krischke, (Hrsg.): Materialien zu Ödön von Horváths „Geschichten aus dem Wiener Wald", Frankfurt a. Main 1972, S. 55–65

4. Die Aufführungspraxis: Die Rezeption des Stückes auf der Bühne

Die Uraufführung der „Geschichten aus dem Wiener Wald" fand im Jahre 1931 am Deutschen Theater Berlin unter der Regie von
5 Heinz Hilpert statt. Die Kritiker Monty Jacobs und Alfred Polgar beurteilten diese Aufführung durchaus unterschiedlich (siehe S. 123 f.). Weitere Inszenierungen des Stücks waren aufgrund der Machtergreifung der Nationalsozialisten im Jahre 1933 und der fünf Jahre später folgenden Ausweitung des Hitler'schen Herr-
10 schaftsbereichs auf Österreich bis zum Ende des Zweiten Welt- kriegs zunächst nicht mehr möglich. Eine erste Neuinszenierung konnte erst drei Jahre nach Kriegsende am Wiener Volkstheater unternommen werden. Diese Aufführung stieß zwar bei der Kritik durchaus auf Beachtung, fiel jedoch angesichts der drastischen
15 Demaskierung Wiener Befindlichkeiten beim Publikum durch (siehe S. 124 f.).
Seit den späten Sechzigerjahren des zwanzigsten Jahrhunderts eroberte sich Horváths Drama eine breitere Präsenz auf deut- schen Bühnen (als Beispiel diene die Aufführung am Wiener
20 Volkstheater 1968, siehe S. 125 f.). Ein wesentlicher Grund für diese Entwicklung dürfte zunächst einmal in der in dieser Zeit einsetzenden gesellschaftlichen Aufarbeitung der NS-Vergangen- heit zu suchen sein, schließlich handelte es sich bei Horváth um einen dezidiert antifaschistischen Autor. Eine weitere Ursache ist
25 in der gesellschaftskritischen Haltung der neuen Linken zu sehen. Diese schrieb sich selbst das Ziel einer konsequenten Aufdeckung sozialer Missstände und gesellschaftlicher Heuchelei auf die Fah- nen und begriff dabei auch das Medium Theater als wichtige Instanz für gesellschaftliche Veränderungen.
30 Seit dieser Phase der vertieften Horváth-Rezeption gehört das Drama „Geschichten aus dem Wiener Wald" zu den etablierten Klassikern auf deutschen Bühnen. Dabei stellt sich freilich jedem Regisseur aufs Neue die Aufgabe, seinen Zuschauern neue Zu- gänge zum Stück zu ermöglichen. Ein Beispiel für eine moderne
35 Aufführung bietet die Inszenierung Thomas Langhoffs im Deut- schen Theater Berlin 1995 (siehe S. 126).

Uraufführung am Deutschen Theater
Berlin 1931

Niemals zuvor ist das Theaterpublikum einem Autor mit so
weit geöffneten Armen entgegenkommen wie dem jüngsten
Träger des Kleist-Preises, Ödön von Horváth. Im Anfang 5
schlug jedes Wort ein, jede Szene zündete. Am Schlusse
freilich war der Wind umgeschlagen. Man pfiff, man klatschte
Autor und Darsteller an die Rampe, und die Majorität[1]
enthielt sich der Abstimmung.
Galt das Pfeifen dem Werk, der Beifall einer mustergültigen 10
Aufführung? So einfach liegt die Sache nicht. Denn der Applaus belohnte die starke, harte Hand, der Widerspruch galt
dem bösen entzaubernden Blick Horváths.
[...] Hier sieht kein Dichter verzeihend ins Getriebe, hier
wird der Narr nicht freigesprochen, sondern unbarmherzig 15
verurteilt. An dieser seelischen Härte scheitert die Wirkung,
und das Publikum stimmt nicht ein, wenn ein Schlaganfall als
komisches Motiv gilt oder wenn das Wiener Mädel als Diebin von dem Bestohlenen misshandelt wird.
Schade um die feste Hand, die einen menschlicheren Blick 20
verdient hätte! Horváth, ein Talent voll Zukunft, muss sich
vor dem deutschen Grundübel der Konsequenz hüten. De-
maskieren ist ein nützliches Vergnügen, aber es tut nicht gut,
wenn man dabei mit der Larve auch gleich die Haut herun-
terreißt. So gewiss dieser junge Autor mehr als ein Spaßma- 25
cher sein will, so gewiss soll er noch lernen, dass auch ein
Unbarmherziger Humor haben darf. Humor, der schließlich
doch immer ein Verteidiger sein muss, kein Staatsanwalt.

Monty Jacobs: Geschichten aus dem Wiener Wald. In: Vossische Zeitung (Berlin).
3. November 1931. Zit. nach: Krischke: Horváth auf der Bühne. S. 149f. – Alle
Rechte beim Thomas Sessler Verlag, Wien.

Wienerisch an den ‚Geschichten aus dem Wiener Wald' ist
außer dem Dialekt, den die Figuren sprechen, die viele Zeit, 30
welche sie haben, und dass sie bei ihrem Tun und Lassen
mehr lassen als tun. Deshalb kann häufiger Schauplatz der
Vorgänge die Straße sein, wo die dort angesiedelten Ge-

---

[1] Mehrheit

schäftsleute, zum Zweck des Dialogs, öfter draußen vor als drinnen hinter ihrem Laden stehen. Viennophobe[1] mögen auch die Vermanschung von Roheit und Gutmütigkeit im Inwendigen des vom Dichter beschäftigten komödischen
5 Personals als echtlokalfarben ansehen. Zweifellos wienerisch an den Menschen des Spiels ist ihr, so böse wie gut gesehenes, Gegeneinander-Miteinander, ihre Eintracht auf Basis boshafter Geringschätzung, ihre enge, liebevolle Verbundenheit durch den Kitt wechselseitiger Missachtung. Was
10 sich sonst im Stück begibt, könnte auch anderswo als im österreichischen Seelen-Klima vorkommen, Geschlechts- und Geldgier sprechen in jeder Mundart ziemlich denselben Text, dass der Mensch aus Gemeinem gemacht ist, ist keine Besonderheit der wienerischen Küche, und im skurrilen Af-
15 fentanz dreht sich das Leben nicht nur nach der Musik von Johann Strauß.
[...]
Das ganze, bizarre Spiel ist von einer eiskalten Witzigkeit, in der auch das bisschen warmer Atem, das gelegentlich eine
20 oder die andere Figur von sich gibt, sofort als frostiger Dampf niederschlägt. Die dramatische Begabung Ödön von Horváths erweisen seine ,Geschichten aus dem Wiener Wald' zwingend. Er sieht scharf und gestaltet mit knappster Ökonomie der Mittel. Seine Figuren lösen sich deutlich ab
25 von ihrem menschlichen, sozialen Hintergrund, ohne dass dieser jemals aus dem Spiel verschwände. Jeder ist Spiegel für die Art des andern, Wechsel der Belichtung erzeugt drollige und spukhafte Schattenspiele."

Alfred Polgar: Geschichten aus dem Wiener Wald. In: Die Weltbühne (Berlin). 27. Jg. Nr. 46. 17. November 1931. Zit. nach: Krischke: Horváth auf der Bühne. S. 188. – Alle Rechte beim Thomas Sessler Verlag, Wien.

Wiener Volkstheater 1948

30 Zu einem kleinen Theaterskandal, der lebhaft an die Zeiten erinnerte, in denen das Wiener Publikum noch durch Demonstrationen oder zumindest Diskussionen regen Anteil

---

[1] Wienhasser

am Theaterleben nahm, kam es gestern im Volkstheater während der zweiten Aufführung von Ödön von Horváths ‚Geschichten aus dem Wienerwald‘. Zu Ende des vorletzten Bildes rief eine Stimme ‚Pfui!‘, worauf sich mehrere Zuhörer zu kräftigen Pfiffen veranlasst fühlten. Im letzten Bild löste 5 dann eine Szene mit Dorothea Neff, die ihre Rolle als uralte Frau und die Inkarnation des Bösen sehr drastisch spielte, einen wahren Tumult aus. Pfuirufe, schrille Pfiffe und Rufe wie ‚Das sind keine Menschen, sondern Bestien‘, ‚Das Stück gehört abgesetzt‘ und ‚Schmeißt die Schauspieler von der Büh- 10 ne herunter!‘ wurden von Gegenkundgebungen abgelöst, sodass die Schauspieler für kurze Zeit unterbrechen mussten. Karl Skraup rettete schließlich durch ein Extempore[1] die Situation, worauf der Großteil des Publikums in Beifallstürme ausbrach, während zahlreiche Zuschauer demons- 15 trativ den Saal verließen und im Foyer ihre erhitzten Debatten weiterführten.

Lärmende G'schichten aus dem Wienerwald. In: Weltpresse (Wien).
3. Dezember 1948 (Abendausgabe).

Wiener Volkstheater 1968

Diese ‚Geschichten aus dem Wiener Wald‘ – das erkennt man jetzt wieder – scheinen doch ein großes Werk von haftender Bedeutung zu sein. Weit mehr als ein Szenarium 20 proletarischer Großsprecherei und schäbigen Kleinbürgertums. Es ist Volksstück und Parodie zugleich, Vergrößerungsglas und Brennspiegel. Hier wird mit der Lustigkeit ernst gemacht, aus verlogener Weinseligkeit bittere Wahrheit gekeltert. Da zeigt sich das harte Wiener Herz in patz- 25 weicher Schale. Und aus der Groteske wird ein Gerichtstag halten.

‚Alle meine Stücke sind Tragödien ... sie werden nur komisch, weil sie unheimlich sind.‘ Horváth holt das Unheimliche aus dem Unbewussten, Unterbewussten. Das macht 30 ihn zu einem Psychiater der Wiener Seele, die er auf der

---

[1] improvisierte künstlerische Darbietung

Bühne schonungslos analysiert. Und im Publikum mit Schocks attackiert.

Herbert Nedomansky: Sprüch oder nicht Sprüch. In: Die Presse (Wien). 27./28. April 1968.

Deutsches Theater Berlin 1995

Es war ja klar, dass man hier keinen österreichischen Hor-
5 váth zu sehen bekommt. Langhoffs Schauspieler geben sich
– gottlob! – auch gar keine Mühe, ein Idiom nachzuäffen, das
ihnen so fern liegt wie uns die aufgewühlte Zeitspanne zwischen den beiden Weltkriegen, der Ödön von Horváths
Kleinbürger-Tragikomödien entstammen. Die ‚Geschichten
10 aus dem WienerWald‘ haben hier und heute keinen Ort und
keine Zeit. Ihr Wien: ein Wolkenkuckucksheim. Ihre drü-
ckenden sozialen Probleme: eher arabesk.[1] Ein kleiner
schwarzer Mann (Michael Markfort) geistert wie der Leib-
haftige durch die Kulisse. Auch wieder nur: Kolorit. Der
15 Freak als Zugabe. Beim Heurigen freilich, da schlagen diese
herzensguten, deprimierten Menschen über die Stränge. Sie
dürfen, nicht ohne Selbstironie, in Operettenseligkeit
schwelgen. Und beim anschließenden Kehraus im Nachtclub
will Langhoff auch ein wenig verruchte ‚Cabaret‘-Stimmung
20 machen. Betrunkene grölen plötzlich ‚Deutschland, Deutschland über alles‘. Das sind so inszenatorische Pflichtübungen,
Polit-Schmankerl.

Rüdiger Schaper: Die Lust der walzenden Witwe. In: Süddeutsche Zeitung. 12. September 1995.

---

[1] verschnörkelt

5. Dramenanalyse: Das Sprachverhalten dramatischer Figuren

Wenn Sie ein Drama als Ganzes beziehungsweise einzelne Szenen interpretieren, liegt ein Schwerpunkt ihrer Textarbeit auf der Erschließung des Sprachverhaltens der handelnden Figuren. Die 5 *Sprache bildet nämlich das zentrale Medium, dessen sich die Protagonisten auf der Theaterbühne bedienen: In der Gesamtheit der Kommunikationsakte konstituiert sich die Identität der einzelnen Personen und ihr Verhältnis zueinander, entwickelt sich ihre jeweilige dramatische Dimension und erschließt sich dem* 10 *Zuschauer ihr inneres Wesen.*

Im Folgenden können Sie sich mit einem Analyseschema vertraut machen, mit dem sich der sprachliche Gehalt einer dramatischen Szene systematisch untersuchen lässt. Außerdem finden Sie eine Übersicht über die wichtigsten rhetorischen Figuren. 15

Analyseschema

Vorarbeiten

Lesen Sie die Szene beziehungsweise den Textausschnitt gründlich und gegebenenfalls mehrmals durch. Achten Sie dabei nicht nur auf die Figurenrede, sondern auch auf die Regieanweisungen, und unterstreichen Sie auffällige Beobachtungen.
Versuchen Sie anschließend eine Gesprächsanalyse anhand folgender Leitfragen.

I. Die Klärung der Gesprächssituation

a) Welche Personen sind beteiligt? Handelt es sich um einen Dialog oder um einen Monolog?
b) In welchem Rahmen findet das Gespräch statt (Ort, Zeit, vorangegangene Handlung)?
c) Worin besteht der äußere Gesprächsanlass, welche innere Motivation liegt dem Gespräch zugrunde?

2. *Die Erschließung des Gesprächsverlaufs*

a) Wie stellt sich die jeweilige Ausgangslage der beteiligten Personen zu Beginn des Gesprächs dar?

b) Welche Absichten, welche Ziele verfolgen die Figuren im Gespräch?

c) Lassen sich bestimmte Gesprächsstrategien bzw. Gesprächstaktiken ausmachen (Offenheit, Dominanz, Einschüchterung, Verstellung, Einschmeicheln ...)?

d) Welche Gesprächsphasen sind unterscheidbar, worin unterscheiden sich diese voneinander (bei welcher Figur liegt die Initiative, wie sind die Redeanteile verteilt, inwieweit gehen die Figuren aufeinander ein, ...)?

3. *Das Sprachverhalten im engeren Sinn: Die verbale Kommunikation*

a) Wie ist der Sprachgebrauch der Figuren allgemein zu beschreiben (Dialekt, Fachsprache, Sprachstil, ...)?

b) Welche Auffälligkeiten auf der Satzebene und bei der Wortwahl sind festzustellen? (Satzbau, Modewörter, Schlüsselwörter, ...)

c) Welche rhetorischen Figuren prägen das Sprachverhalten der Personen? (siehe hierzu die Liste im Anhang 4.2)

d) Welche Rückschlüsse lassen die verbalen Äußerungen einer Figur auf ihren inneren Zustand zu?

4. *Das Sprachverhalten im weiteren Sinn: Die nonverbale Kommunikation*

a) Inwieweit enthalten Gestik, Mimik und Körperhaltung kommunikative Aussagen (z. B. Gesten der Macht, Widerspruch zwischen Gesagtem und Gesichtsausdruck, Zu-/Abwendung des Körpers ...)?

b) Welche kommunikative Funktion kommt dem Schweigen der Figuren zu, wozu dienen Gesprächspausen auf der Bühne?

c) Welche Rückschlüsse lassen nonverbale Äußerungen einer Figur auf ihren inneren Zustand zu?

5. Zusammenfassende Charakterisierung des Gesprächs

a) Ist die Kommunikation zwischen den Figuren gelungen, oder woran scheitert sie?

b) Wer erreicht im Gespräch sein Ziel, wer setzt sich wie mit welchen Mitteln durch?

c) Machen die Figuren im Laufe des Gesprächs eine Entwicklung durch?

d) In welchem Zusammenhang stehen verbale und nonverbale Kommunikation?

e) Welche Rückschlüsse lässt das Gesprächsverhalten auf die Wesensmerkmale einer Figur zu?

Wichtige sprachliche Mittel

Abwertung	Verwendung von Begriffen mit negativer Bedeutungskonnotation	*Lebt sich da in wilder Ehe zusammen, wie in einem Hundestall,* S. 54, Z. 25 – 26
Alliteration	Zwei oder mehrere Wörter in unmittelbarer Nähe beginnen mit demselben Wortlaut	*Fesch, aber feig!* S. 58, Z. 24
Anakoluth	Fügungsbruch im Satzbau	*... und trotzdem hat dir Gott Menschen gelassen – die dich trotzdem lieben – und jetzt, nachdem sich alles so eingerenkt hat*
Anapher	Mehrere Zeilen oder Sätze beginnen mit demselben Wort.	*Jetzt werden wir ... jetzt kommt ... Jetzt wird ...* S. 93, Z. 32 – 34

Anti-these	Gegensätzliche Begriffe oder Gedanken werden gegenübergestellt.	*Und außerdem war das auch nichts Schlechtes, sondern nur etwas ehr Gutes, S. 92, Z. 1–2*
Asyn-deton	Wörter oder Wortgruppen stehen unverbunden nebeneinander.	*Blau, grün, gelb, rot, S. 37, Z. 16*
Aufzäh-lung	anschauliche Häufung von Beispielen	*Ich hab eine Hautcreme vertreten, Füllfederhalter und orientalische Teppich, S. 93, Z. 3–4*
Chiasmus	Jeweils zwei Wörter werden kreuzweise gegenübergestellt.	*Heiß ist die Sonne, der Mond jedoch kalt.*
Ellipse	Darunter versteht man einen Satz, der nicht vollständig ist.	*Wie alt?, S. 7, Z. 14*
Euphemis-mus	Das Negative eines Sachverhalts wird durch positive Bezeichnungen verhüllt oder beschönigt.	*Jetzt liegt er schon zehn Jahr unter der Erden, S. 84, Z. 9–10*
Hyperbel	Übertreibung	*Diese ewige Schererei, S. 31, Z. 28*
Inver-sion	Die übliche Wortstellung im Satz wird verändert.	*Von dir möchte ich ein Kind haben, S. 39, Z. 20*
Ironie	Der Sprecher meint das Gegenteil des Gesagten.	*Der Mister (lacht keineswegs): Fabelhafter Witz, fabelhafter Witz! S. 74, Z. 31–32*

Klimax	Eine Reihe von Ausdrücken wird in steigender Anordnung gebraucht.	*im Schritt ... im Trab ... im Galopp,* S. 14, Z. 3–4
Litotes	Die Bedeutung eines Sachverhalts wird durch die Verneinung seines Gegenteils ausgedrückt.	*nicht viel,* S. 80, Z. 32–33
Metapher	Ein Wort wird aus den Bedeutungszusammenhängen des vertrauten Sprachgebrauchs gelöst und in andere Zusammenhänge so eingeordnet, dass es eine neue Bedeutung erhält.	*Was haben wir aus unserer Natur gemacht? Eine Zwangsjacke,* S. 35, Z. 28–29
Neologismus	Wortneuschöpfung	*Vegetarianer,* S. 30, Z. 29
Parallelismus	Aufeinanderfolge ähnlich oder gleich gebauter Sätze bzw. Satzteile	*Ich von dir oder du von mir?,* S. 52, Z. 17–18
Personifikation	Abstrakten Begriffen, unbelebten Erscheinungen, Tieren und Pflanzen werden Eigenschaften zugeordnet, die nur Menschen zukommen.	*Die Sonne lacht.*

Rhetorische Frage	Ein Sprecher setzt durch eine Scheinfrage, die eine nachdrückliche Aussage enthält, die Zustimmung des Zuhörers als gegeben voraus. Eine Antwort wird nicht erwartet.	*Was wissen Sie denn schon vom Weltkrieg?,* S. 59, Z. 1
Sprachspiel	Spiel mit Sprachkonventionen	*Ohne Treu, ohne Glauben,* S. 31, Z. 16
Sprichwort	geläufige Redewendung	*Der Mensch denkt und Gott lenkt,* S. 30, Z. 19
Symbol	Ein konkreter Gegenstand wird als Träger eines allgemeinen Sinnzusammenhangs gesetzt.	*Das Kreuz als Zeichen des Christentums, die Taube als Zeichen des Friedens*
Tautologie	Derselbe Sachverhalt wird durch mehrere Formulierungen ausgedrückt.	*Alles wackelt, nichts steht mehr fest,* S. 31, Z. 17
Vergleich	Durch *wie, sowie, als ob* u. Ä. wird eine Beziehung zwischen zwei Bereichen hergestellt, zwischen denen eine Gemeinsamkeit besteht.	*Die Donau ist weich wie Samt,* S. 35, Z. 21

Wortwie-derholung	Wiederholungen einzelner oder mehrerer Wörter in unmittelbarer Nähe	*besser, besser, besser,* S. 90, Z. 25 – 26
Zeugma	Gleiche Satzglieder werden syntaktisch richtig miteinander verbunden, obwohl sie von der Bedeutung her nicht zusammenpassen.	*Ich will Blumen und Tränen auf ihr Grab streuen.*